Ullstein Sachbuch

DAS BUCH:

Etwa 50 000 Sinti und Roma leben heute in der Bundesrepublik. Jahrhundertelang galt ihre eigenständige Lebensart als furchterregend fremd, als asozial und kriminell. Doch die Geschichte ihrer Verfolgungen ist noch immer nicht zu Ende: Gerade in Deutschland, wo 500 000 »Zigeuner« vom NS-Staat ermordet wurden, kämpfen die Sinti und Roma meist vergeblich um eine finanzielle Entschädigung, und nach wie vor werden sie von Ämtern und Behörden, von Politikern und Medien diskriminiert, verleumdet, vertrieben.
Luise Rinser, sozial engagierte Schriftstellerin und Schirmherrin der »Gesellschaft für bedrohte Völker«, legt diesen alltäglichen Skandal offen. Am Ende ihres Buches steht der Satz: »Spreche nur niemand mehr von *christlich* und *sozial*, ehe die Menschenrechte für die Sinti und Roma, einer seit 6 Jahrhunderten in Deutschland lebenden Minderheit, nicht gewährleistet sind.«

DIE AUTORIN:

Luise Rinser wurde 1911 in Oberbayern geboren. Während des Dritten Reichs erhielt sie Berufs- und Publikationsverbot und wurde wegen Hochverrats und Wehrkraftzersetzung angeklagt. Ihre politisch und religiös geprägten Romane, Erzählungen und Essays (u. a. *Mitte des Lebens,* 1950; *Ich bin Tobias,* 1966; *Grenzübergänge,* 1972; *Den Wolf umarmen,* 1981; *Mirjam,* 1984) sind heute insgesamt in mehr als 20 Sprachen übersetzt. In kritischen Reiseberichten beschrieb sie ihre Erfahrungen in Ländern wie Bolivien, Iran, Polen und Nordkorea. Seit 1959 lebt Luise Rinser in der Nähe von Rom.

Luise Rinser

Wer wirft den Stein?

Zigeuner sein in Deutschland

Eine Anklage

15.10.87

Ullstein Sachbuch

Ullstein Sachbuch
Ullstein Buch Nr. 34391
im Verlag Ullstein GmbH,
Frankfurt/M – Berlin

Ungekürzte Ausgabe

Umschlaggestaltung:
Atelier Noth & Hauer
unter Verwendung eines Aquarells
von Gisela Aulfes

Mit freundlicher Genehmigung
der Edition Weitbrecht
in K. Thienemanns Verlag,
Stuttgart

Printed in Germany 1987
Druck und Verarbeitung:
Ebner Ulm
ISBN 3 548 34391 0

Mai 1987

CIP-Kurztitelaufnahme
der Deutschen Bibliothek

Rinser, Luise:
Wer wirft den Stein?: Zigeuner sein in
Deutschland; e. Anklage / Luise Rinser.
– Ungekürzte Ausg. – Frankfurt/M;
Berlin: Ullstein, 1987
(Ullstein-Buch; Nr. 34391: Ullstein-
Sachbuch)
ISBN 3-548-34391-0
NE: GT

Der Pharisäer sprach:
»Gott, ich danke Dir, daß ich
nicht bin wie die Räuber, Betrüger,
Ehebrecher oder auch wie dieser
Zöllner« – *und diese Zigeuner.*

(Lukas 18, 10–11)

Vorbemerkung

In dieser Arbeit finden sich drei verschiedene Bezeichnungen für jene Menschen, über die ich schreibe:

Zigeuner, Roma, Sinti.

Zigeuner ist ein negativ besetzter Begriff, den wir nicht mehr gebrauchen sollten.

Das Volk, das wir so bezeichnen, heißt Roma. Innerhalb der Roma, die über die ganze Erde verstreut leben, gibt es mehrere Gruppen. Jene, die mit uns in der Bundesrepublik leben, heißen Sinti.

Wenn ich im Verlauf der Arbeit die Begriffe verschieden anwende, so hat das jeweils seinen Grund. So rede ich von *Zigeunern,* wenn ich vom Standpunkt der vorwiegend negativ eingestellten *Nicht-Zigeuner* rede, die in der Sprache der Roma *Gadje* heißen.

Wenn ich Roma sage, so meine ich das ganze Volk der Roma, wo immer es auch lebt. Wenn ich Sinti sage, so spreche ich von jenen Roma, die Deutsche sind wie wir andern Deutschen auch.

Die, die dieses Buch schreibt, schämt sich, es nicht schon längst getan zu haben, obgleich sie seit vielen Jahren zu den Schirmherren der »Gesellschaft für bedrohte Völker« gehört und informiert sein sollte nicht nur über das drohende Aussterben von Indianerstämmen, sondern auch der *Zigeuner.* Es bedurfte eines heftigen konkreten Anstoßes dazu, daß sie sich mit dem *Zigeuner*problem zu befassen begann.

Das alarmierende Ereignis war das Verhalten des Stadtrats von Darmstadt im Sommer 1983: Er ließ die Wohnungen einiger *Zigeuner*familien (Roma) in deren Abwesenheit zerstören, vorgebend, es sei anzunehmen gewesen, diese Leute kehrten nie mehr zurück (obwohl die Betreuer dieser Familien wußten, daß es sich um fahrende Händler handelte, die immer wieder in ihre Wohnungen zurückkehren). Man erklärte die Zerstörung damit, daß Einsturz- und Seuchengefahr bestehe.

Meine sofortige Reaktion auf diese Nachricht war ein Protesttelegramm an den Oberbürgermeister. Seine Antwort war das gekürzte Protokoll einer Stadtratssitzung zu dem Vorkommnis. (Die Kürzung des Protokolls ist zugegeben, Gründe für die Kürzung wurden nicht genannt, das ungekürzte Protokoll konnte ich nicht erhalten.)

Dem Protokoll war zu entnehmen, daß die Zerstörung jener Wohnungen nötig gewesen sei, da die »Zustände« dort skandalös seien. Der Schmutz häufe sich. Das im Protokoll gezeichnete Gruselbild traf nicht zu. Angenommen aber es träfe zu: Wie kommt es, daß der Stadtrat nicht in Anwesenheit der Bewohner einschreitet, sondern deren Abwesenheit benutzt, um kurzerhand die Wohnungen abzureißen? Weiter gefragt: Wie kommt es denn, daß diese Leute derart schlecht untergebracht waren? Warum gab man ihnen keine ordentlichen Wohnungen? Warum?

Weil man die Roma nicht auf Darmstädter Boden wollte. Das wurde und wird sogar zugegeben. Und die Begründung dafür? Sie ist entlarvend. Sie ist Ausdruck eines handfesten Rassismus, auch wenn der Darmstädter Stadtrat dies weit von sich weist. Aber was sonst als Rassismus ist es, wenn man sagt, die Roma seien allesamt »asozial und unfähig und unwillig zur Integration«? Es heißt, daß alle Bürger einer Stadt, eines Landes, eines Staates gleichförmig, d. h. nach demselben bürgerlichen Modell leben müssen. Wer anders lebt, ist eine asoziale Randfigur und wird von der bürgerlichen Mehrheit abgelehnt. Diese Ablehnung geht bis zur Verfolgung und bis zum Mord: Im NS-Staat brachte man diese Randfiguren, diese Nicht-Integrierten (Homosexuelle, psychisch wirklich oder angeblich Kranke, körperlich Behinderte, Regimegegner, Juden und *Zigeuner*) ins KZ und in die Gaskammern, oder man eliminierte sie in den NS-Kliniken und nannte das *Euthanasie*.

Darmstadt will seine Randfiguren, die Roma, nicht umbringen, sondern nur »draußen haben«. Man löst aber gesellschaftliche Probleme nicht dadurch, daß man Unbequemes beseitigt. Man löst das Roma-Problem nicht, indem man Romagruppen »abschiebt«.

Frage: Wieso gibt es überhaupt ein *Zigeunerproblem?* Wieso gibt es eine ethnische Minderheit in der Bundesrepublik, der man vorwerfen kann, sie habe sich nicht in die Gesellschaft integriert? Hat man ihr denn die Integration möglich gemacht? Hat man nicht vielmehr alles getan, sie ihr unmöglich zu machen durch Diskriminierung, und dies nicht nur im NS-Staat, sondern lange vorher und nachher, bis heute? Wie kann man die Sinti und Roma beschuldigen, sie seien nicht integriert, wenn man diese Integration gar nicht wollte und will? Waren die deutschen Juden nicht durchaus in die deutsche Gesellschaft integriert, und brachte man sie nicht doch um? Wollte man nicht gerade ihre Desintegration? Liegt die Parallele zum *Zigeunerproblem* nicht offen?

Frage: Wo liegen denn die Wurzeln dessen, was man das *Zigeunerproblem* nennt? Diese Frage führt nach Auschwitz, Ravensbrück, Dachau, Maidanek, Treblinka und anderen KZ-Schreckensorten des NS-Staates. Ich erfuhr, daß in diesen 12 Jahren eine halbe Million Sinti und Roma in den Lagern umgebracht wurden. Mit unserer schweigenden Duldung. Mit unserm »Nichts-davon-Wissen«.

Meine Nachfragen führten weiter zurück. Wo liegen denn die Wurzeln der bürgerlichen Abneigung gegen

Zigeuner? Ich begann, mich mit der Geschichte dieses Volkes zu befassen.

Gleichzeitig bekam ich einen weiteren, handfesten Anstoß:

Romani Rose, der Vorsitzende des »Zentralrats deutscher Sinti und Roma«, bat mich, im Oktober 1978 in Stuttgart an einer Pressekonferenz zur *Zigeunerfrage* teilzunehmen. Bei dieser Gelegenheit baten mich die vier anwesenden Sinti (von denen drei in deutschen KZs gewesen waren und mit knapper Not überlebt hatten), an einem Gespräch mit dem württembergischen Innenminister teilzunehmen. Dieses Gespräch sollte sich vorrangig mit jenem Formblatt befassen, das aus dem NS-Staat stammt und das heute noch von jedem Polizisten gebraucht wird, wenn es darum geht zu wissen, wer bei einem Kriminalfall unter den Verdächtigen zuerst zu verhaften sei: Prostituierte, Strichjungen und Landfahrer. Früher waren noch aufgeführt: Juden und *Zigeuner*. Das Wort *Juden* verschwand natürlich 1945, das Wort *Zigeuner* blieb. Es wurde in den fünfziger Jahren gestrichen, oder vielmehr ersetzt durch ein Wort, das eben nur ein andres Wort für die gleiche Sache ist: *Landfahrer*.

Wer ist ein Landfahrer? Jemand, der keinen bestimmten Wohnsitz hat, sondern über Land fährt und also nicht als seßhaft betrachtet werden kann.

Sind unsre Sinti Landfahrer? 98 % haben einen festen Wohnsitz. Wieso werden sie dennoch den Landfahrern zugeordnet?

Weil es das Bundeskriminalamt (BKA) so will. Weil es in das rassistische Konzept paßt.

Der Beweis: Im Leitfaden des BKA von 1967 steht: »Landfahrer ist jemand, der aus eingewurzeltem Hang zum Umherziehen oder aus eingewurzelter Abneigung gegen eine Seßhaftmachung mit Fahrzeugen, insbesondere mit Wohnwagen oder Wohnkarren oder sonst mit beweglicher Habe im Land umherzieht. Als Landfahrer gilt auch, wer im Gefolge eines Landfahrers umherzieht.«

Wieso wird diese Definition auf unsre Sinti angewandt, die fast alle einen festen Wohnsitz haben und ihn nur zeitweise verlassen, um ihrem Beruf nachzugehen?

Trifft diese Definition nicht auch auf alle Operndirigenten, alle Sänger, alle Zirkusleute zu?

Nein? Nein: Diese Leute ziehen ja nicht herum aus dem »eingewurzelten Hang zum Umherziehen:..« Der »eingewurzelte Hang«. Das ist die unzulässige Unterstellung, die es dem BKA erlaubt, Sinti und Roma als Nicht-Integrierte, als Asoziale zu diskriminieren.

Ob Sinti und Roma wirklich diesen »eingewurzelten Hang« haben, ist noch zu erörtern.

Daß diese Definition Ausdruck des puren Rassismus ist und aus dem NS-Geist der Rassendiskriminierung stammt, ist erschreckend deutlich.

Daß der Definition des BKA entgegen, derjenige kein Landfahrer ist, der einen festen Wohnsitz hat, bedeutet, daß der feste Wohnsitz durchaus nicht vor Diskriminierung als *Landfahrer* schützt.

Es wäre gut, sagte man in zynischer Offenheit klipp und klar: Landfahrer ist jeder, der uns nicht paßt, weil er einer andern »Rasse« angehört.

Wie wirkt sich jene Definition des BKA praktisch aus?

Sie gibt jedem Polizisten das Recht, Landfahrer als Kriminelle (virtuelle oder potentielle) zu betrachten und entsprechend zu behandeln. Als es mir gelang, dank meinem Namen, mit den vier Sinti bis zum Stuttgarter Polizeipräsidenten durchzudringen, wurde uns klargemacht, daß man gewillt sei, das diskriminierende Wort *Landfahrer* aus dem besagten Formblatt zu streichen, genau gesagt: jene Formulare, in denen es sich findet, nicht mehr nachzudrucken, sondern »auslaufen« zu lassen; man könne aber nicht einfach den Restbestand dieser Listen vernichten... Meine ironische Frage, ob denn die paar tausend Mark zum Neudruck für das württembergische Budget untragbar seien und ob nicht die Ehre und Würde einer Minderheit im Staat mehr wert sei, brachte den Polizeipräsidenten zu dem Versprechen, diesen leidigen Restbestand sofort zu beseitigen.

In den Polizeiformularen anderer Bundesländer taucht jedoch das Wort *Zigeuner* noch immer auf, wenn auch fast unauffällig nur in den Ausführanleitungen und auch nicht unumstritten, wie die Antwort der Bundesregierung auf eine große Anfrage verschiedener Abgeordneter im Bundestag vom Dezember 1982 zeigt. Die Frage war, ob es mit der Verfassung, insbesondere mit dem Datenschutz vereinbar sei, daß in den genannten Formularen ein Kürzel ZN hinter Namen steht, wobei das Z eben doch *Zigeuner* heißt. Die Antwort lautete, daß diese Bezeichnung keineswegs rassistisch zu werten sei, denn auch andere Gruppen werden durch einen Klammerzusatz näher gekennzeichnet, so KN für Künstlername oder ON für Ordensname. Da die Bundesregierung jedoch selbst bedenkt, daß die Bezeichnung ZN den Anschein der Diskrimination erwecken kann, »auch vor dem geschichtlichen Hintergrund«, soll sie wegfallen. Jedoch sind nicht alle Bundesländer derselben Meinung. Auch das ist bezeichnend. Dieses ZN in den Polizeiinformations- und Fahndungslisten ist nur die Spitze eines Eisbergs, der »Landfahrerzentrale« heißt. Darüber später Genaues.

Jenes Stuttgarter Gespräch weckte mich nun wirklich auf. Dazu kam noch die verspätet zu mir gelangte Nachricht aus Würzburg, wo am 28. 9. 1976 ein Fest der 18. Panzerdivision SS stattfinden sollte (und natürlich stattfand), was eine Gruppe deutscher Sinti durch eine gewaltfreie Demonstration verhindern wollte. Diese Gruppe wurde verhaftet. Eine Verhaftung von Opfern der SS zugunsten der SS. Die Henker wurden geschützt, die Opfer verhaftet. Ein zynisch offener Rückfall in den NS-Staat. Wieder sind die Faschisten die Sieger, und immer noch sind *die Zigeuner* die Opfer.

Mit diesem Material im Kopf begann ich mich zu fragen, was ich selber wisse von den Menschen, die wir *Zigeuner* nennen. Ich begann alle meine Bekannten zu befragen, was denn sie darüber wissen. Es war wenig, und das Wenige war oberflächlich, töricht oder vom NS-Geist her übriggeblieben. Ich begann, mir Informationen zu beschaffen. Beim Lesen der vielen Schriften über Sinti und Roma ging es mir so, wie es den Sinti und Roma geht, wenn sie lesen, was da über sie geschrieben wird von Leuten, die sich *Zigeuner*forscher nennen: Ich fühlte, daß das meiste davon nichts weiter ist als Pseudowissenschaft in der Form eiskalt überheblicher Analyse. Mich erinnerte diese Art der Behandlung an den Vorschlag des Reichsführers SS Himmler im NS-Staat: man solle nicht alle *Zigeuner* vergasen, sondern einen Teil, den reinrassigen nämlich, in einer Art Zoo unterbringen als Forschungsobjekte.

Viele der neuen Arbeiten erinnern fatal an die Rassenforschung, wie sie im NS-Staat jene Eva Justin betrieben hat, die sich unter die gutgläubigen Sinti mischte, sie ausforschte und Gutachten erstellte, aufgrund derer die *Zigeuner* in die KZs, d.h. in den Tod geschickt wurden.

Daß die Sinti auch über die neuesten Arbeiten zum Thema nicht glücklich sind, kommt daher, daß sie sich nicht verstanden fühlen. Hier liegt auch ihr Problem mit mir und das meine mit ihnen. Sie fühlen sich durch jeden Versuch einer Analyse, ja schon Beschreibung, zu Objekten erniedrigt. Aber dies ist das Problem jeder Arbeit über eine Gruppe, der man nicht angehört.

Wenn ich sage, daß die Roma von westlichen Intellektuellen schwer verstanden werden, weil sie eine »andere Mentalität« haben, so werfen mir meine Sinti-Freunde vor, ich operiere mit einem Begriff, der zur Arbeitsmethode des Rassismus gehöre. Ich habe mich entschlossen, dieses Thema fast völlig auszusparen, obgleich es mich brennend interessiert in einer Zeit, in der man vom rational-intellektuellen Erfassen der Wirklichkeit, die dem Westen als einzig zulässig erschien, abgeht und neue Erkenntniswege wagt, die jenen der Roma entgegenkommen. Doch sei, wie gesagt, das Thema hier nur ganz am Rande berührt, zumal ich ja keine wissenschaftliche Arbeit über die Roma schreibe, sondern eine aktuell-politische, die dazu dienen soll, unter Nicht-Roma das Verständnis für das Schicksal der mit uns lebenden Sinti und Roma zu wecken und unser Gewissen zu schärfen für das Unrecht, das wir ihnen zugefügt haben und weiter zufügen.

Was wissen wir von unseren deutschen Sinti?

Ergebnisse meiner Umfrage unter Deutschen verschiedener Bildungsschichten.

I.
Zigeuner stehlen.
Sie sind schmutzig und verdrecken ihre Umgebung.
Sie betteln unverschämt.
Sie sind kriminell.
Sie haben zu viele Kinder und richten sie zum Betteln und Stehlen ab.
Sie schwindeln.
Sie lügen mit jedem Wort.
Sie sind arbeitsscheu.
Sie können nichts als Musik machen und tanzen.
Sie sind die geborenen Schauspieler ohne Bühne.
Sie wollen nichts lernen und nicht in die Schule gehen.
Sie betrügen bei Kauf und Verkauf.
Sie betteln, fahren aber mit großen Mercedes.
Sie haben einen so schlechten Charakter, daß sie unter Hitler sogar in die Partei eingetreten sind.
Sie haben sehr lockere Sitten.
Sie sind die geborenen Verführer.

II.
Zigeuner haben in beiden Weltkriegen mitgekämpft als deutsche Soldaten. Einige bekamen hohe Orden.
Sie sind sehr kinderlieb.
Sie haben einen starken Familiensinn.
Sie wurden immer verfolgt, und man verbot ihnen ehrenvolle Berufe.
Sie wurden unter Hitler diskriminiert als Untermenschen.
Sie wurden in den KZs vergast, und nur wenige überlebten, etwa 500 000 starben.
Sie haben das Kunststück fertiggebracht, zugleich ein eigenes Volk zu sein und gute Deutsche.
Sie heißen als Deutsche »Sinti«, die übrigen heißen Roma, ihre Sprache ist das Romanes.
Sie sind heute noch vogelfrei, wie der Prozeß gegen den niederbayrischen Bauern beweist, der zwei *Zigeunerinnen* erschoß und der vom Gericht sehr milde behandelt wurde.

III.
Fast niemand von den Befragten wußte, daß die meisten von Hitlers Rassegesetzen Betroffenen noch ihre Nachkommen keine Entschädigung im Sinne der Wiedergutmachung bekamen.

Niemand wußte etwas von den Polizeilisten, auf denen die *Zigeuner* als primär Verdächtige und potentiell Kriminelle und also zuerst präventiv zu Verhaftende aufgeführt sind.

Niemand von den Befragten wußte, daß Sinti und Roma heute noch nach den Ergebnissen der Rassenforschung im NS-Staat beurteilt und behandelt werden.

Niemand wußte, wie die Zukunft der *Zigeuner* aussehen soll.

Zigeuner stehlen. Das ist nicht zu leugnen. Aber stehlen nur *Zigeuner*? Und stehlen sie häufiger als *Gadje?* Warum stehlen sie? Die *Zigeuner*-Kriminalität liegt eher unter jener der *Gadjes.* Sinti und Roma stehlen, ohne zu morden; Raubüberfälle sind nicht ihre Art. Und stehlen alle Sinti und Roma?

Als wir deutschen Gadjes nach dem Krieg hungerten, lernten wir das Stehlen. Mundraub ist erlaubt. Unvergeßlich die Rede des Kölner Kardinals Frings über das Stehlen 1946. Man dürfe stehlen, wenn man ohne zu stehlen nicht überleben kann. Man nannte das Stehlen dann *fringsen.* Wir fringsten Kleidung und Wolldecken aus den Transportzügen der amerikanischen Besatzer. Wir fringsten Lebensmittel aus deren Lagern. Wir stahlen, was wir fanden. Ich selber hatte schon 1944 als Gefangene das flinke Stehlen in einer Brotfabrik gelernt, wo ich mit leerem Magen arbeiten mußte, und nach 1945 habe ich im Staatswald Holz gestohlen, weil meine Kinder froren.

Aber Sinti-Kinder stehlen, auch wenn sie nicht arm sind und ihre Eltern einen großen Mercedes vor dem Wohnwagen haben. Stimmt. Stehlen unsre Jugendlichen nicht? Auch Kinder Wohlhabender *klaufen:* Sie nehmen beim Einkaufen Geklautes mit. Und wie ist es mit Warenhausdiebstählen von durchaus nicht nur armen Leuten? Sollte das Stehlen nicht, bewußt oder unbewußt, ein Akt versuchter ausgleichender Gerechtigkeit sein? Alle Psychologen und Psychiater wissen heute, daß Stehlen eine Ersatzhandlung ist: Man stiehlt, was man vom Leben nicht geschenkt bekommt, das heißt, man stiehlt aus Mangel an Liebe.

Aber ist denn die Sinti-Kriminalität überhaupt signifikant hoch? Die Untersuchungen darüber, die im Auftrag des Bonner Familienministeriums gemacht wurden, erwiesen, daß die Sinti-Kriminalität keineswegs höher ist als die der Gadje und daß sie durchaus im Bereich der Bagatellkriminalität liegt. Raubmorde, Morde und Überfälle bewegen sich prozentual gegen null zu.

Zigeuner schwindeln und betrügen? Und *Zigeuner* mehr als Gadjes? Und wenn: Mußten sie als die Ärmeren und Ärmsten nicht lernen, schlauer zu sein als die Privilegierten? Und warum lassen sich Gadje beschwindeln und betrügen? Kürzlich erzählte mir eine Bekannte zornig, ein *Zigeuner*mädchen in Italien habe sie gebeten, ihm einen Geldschein (10 000 Lire) in die Hand zu legen; es machte darüber einige Kreuzzeichen und sagte dann: »Jetzt ist das Geld gesegnet, und ich kann es Ihnen nicht mehr geben, es darf nur in der Kirche verwendet werden.« Lug und Trug, gewiß. Aber warum läßt sich jemand auf derlei ein? Die beschwindelte Frau rief gleich laut nach der Polizei, aber das Mädchen war mit zwei andern schon verschwunden; die Frau hörte noch ihr Gelächter. Ein harmloses Spiel, vergleichsweise. Verführt die öffentliche Reklame nicht genau so die Dummen zur Dummheit: zu übereilten, unnötigen Käufen von Waren, deren Qualität nicht dem Preis entspricht, und lachen sich die ehrenwerten Geschäftsleute dabei nicht vor Freude über das gute Geschäft ins Fäustchen?

Eine kleine Nebenfrage: Wer hat den *Zigeunern* ihren Schmuck, ihr Geld und die oft wertvollen Musikinstrumente gestohlen, als sie ins KZ deportiert wurden? Wer gibt sie bis heute nicht zurück? Und wer zeichnet verantwortlich für den Betrug auf dem Feld der verweigerten Wiedergutmachung?

Aber der Betrug der *Zigeuner* beim Handeln: Geben sie nicht billige Teppiche für Orientteppiche aus? Und sind sie nicht fast alle Schwarzhändler? Nun, wären sie das, hätte die so wachsame Polizei sie längst verhaftet und ihnen das Handwerk gelegt. Sie haben alle ihre Lizenzen, wie andre Händler auch. Nebenfrage: Ist der legalisierte Handel der Gadje makellos? Zwingt nicht das kapitalistische System zu keineswegs einwandfreien Methoden im Konkurrenzkampf? Ist, zum Beispiel, die pharmazeutische Industrie nicht ein reiches Feld für Betrüger, die gefährliche Medikamente für ungefährlich ausgeben, deren Betrug schon tödliche Folgen hatte, wie sich von Zeit zu Zeit in nicht zu verbergenden Großskandalen offenbart? Kein *Zigeuner* hat Seveso beliefert, keiner Kontergan oder Mexaform hergestellt und weiterverkauft, keiner die Katastrophe von Bohpal verursacht, und keiner ist mitbeteiligt an der Vorbereitung zum Krieg.

Gut. Aber sie schwindeln: die Kinder betteln, und die Väter fahren einen großen Mercedes. Warum aber der große Mercedes? Weil Mercedes-Diesel billig im Verbrauch sind und weil sie stark genug sind, die schweren Wohnwagen zu ziehen.

Aber die Kinder betteln, auch wenn die Väter reich sind. Frage: Gibt es reiche Sinti? Es gibt Wohlhabende unter ihnen. Es gibt auch unter den Sinti und Roma Besitzunterschiede, so wie es sie in den USA unter den Schwarzen gibt. Sinti, die begabter und tüchtiger sind als andre, steigen sozial auf. Aber ein Mercedes ist unter den Sinti kein Statussymbol, sondern eine Existenznotwendigkeit.

Aber schmutzig sind sie, das stimmt doch, oder nicht? Wer von denen, die das behaupten, sah schon das Innere von Sinti-Wohnwagen oder Behausungen? Sie müssen peinlich sauber gehalten werden, wenn auf engem Raum viele Menschen zusammenleben. Findet die Polizei tatsächlich eine schmutzige Sinti-Baracke, so ist es eine, die von den Bewohnern in Eile verlassen wurde, weil man sie wieder einmal vertrieben hatte. Daß Sinti-Wohnwagen in deren Abwesenheit absichtlich verschmutzt wurden, damit Gründe für die Vertreibung gegeben waren, ist einer Untersuchung wert.

Aber sie sind so unzivilisiert, daß sie nicht einmal Toiletten benutzen, sondern in die Büsche gehen. Ist es so? Nun: wenn es in Wohnungen für zwanzig Leute nur eine einzige Toilette gibt, oder in manchen Baracken gar keine, so bleibt kein andrer Ausweg.

Daß Sinti- und Roma-Wohnungen trotz des Mangels an hygienischen Einrichtungen so sauber sind, ist bemerkenswert. Wer je die Wohnungen von Gadje-Obdachlosen sah oder jene von Slum-Bewohnern, der weiß, wie rasch Menschen verwahrlosen, die an den Rand der Gesellschaft gedrängt werden. Solange die bürgerliche Gesellschaft sich ihre Ausgestoßenen schafft, so lange gibt es die Verwahrlosung, über die dann gerade jene sich entrüsten, welche die Schuld daran tragen.

Aber es stimmt doch, daß die Sinti ihre Umgebung verschmutzen, man sieht es doch; in der Nähe von Sinti-Lagern gibt es Ratten, und die schaffen allemal Seuchengefahr.

Die Behauptung der Seuchengefahr durch Verschmutzung, wie sie der Oberbürgermeister von Darmstadt zur Rechtfertigung des Wohnungsabbruchs angab, erinnert fatal an die Nazipropaganda gegen die Juden im NS-Hetzorgan *Der Stürmer,* wo es hieß, die Läden von Juden seien unvorstellbar verdreckt und in ihren Lagerkellern hänge verfaultes Fleisch. Nichts als Lüge.

Als 1910 in Neapel die Cholera herrschte, gab man den *Zigeunern* die Schuld. Die ärztlichen Untersuchungen ergaben: kein einziger *Zigeuner* war cholera-infiziert. Als es vor einigen Jahren in England eine Typhus-Epidemie gab, seien die *Zigeuner* schuld gewesen.

Selbst wenn das zuträfe, erhebt sich die Frage: Wer ist denn schuld, wenn Standplätze so sind, daß dort Typhus ausbrechen kann? Wer verweist denn die Sinti und Roma auf Plätze, auf denen kein Gadje wohnen möchte: in die Nähe von Müllhalden?

Weitere Frage: Wer verschmutzt die Umgebung mehr: *Zigeuner* oder Industriewerke? Haben *Zigeuner* je Krankheiten verursacht? Die Abwasser und Abgase unsrer Fabriken verursachen nicht nur das Sterben von Fischen und Vögeln und Bäumen, sondern auch das stille Hinsterben von Menschen infolge vielfacher Luft-, Wasser- und Lebensmittelvergiftung.

Zu den negativen Vorurteilen gegen die Sinti gehört der Vorwurf der »Libertinage«, der Unmoral. *Zigeunerinnen* seien vielfach Prostituierte oder doch Verführerinnen. Das Carmen-Bild spukt in den Gadjeköpfen (aber auch Carmen war keine Prostituierte). Nichts falscher als das: Sinti haben strenge Moralgesetze, weit strengere als Gadje von heute. Junge Sinti haben kaum eine Möglichkeit, unbeobachtet eine sexuelle Beziehung oder auch nur einen Flirt zu beginnen. Die Familie wacht. Das nahe Zusammenleben der Familien wirkt wie eine Sittenkontrolle. *Zigeuner*tänzerinnen sind immer von ihren Männern bewacht. Prostitution ist strengstens verboten. Wer sich sexuell dennoch vergeht, wird von der Familie verachtet. Ehebruch ist höchst selten. Bei den Sinti gibt es heute zwar Ehescheidungen, doch sind sie sehr selten und von Schuldgefühlen belastet. Wenn zwei junge Sinti zusammen schlafen, gelten sie als verheiratet. Wenn die Eltern mit einer Liebschaft nicht einverstanden sind, laufen die jungen Leute miteinander davon und kehren erst nach längerer Zeit zurück; damit stellen sie ihre Eltern vor vollendete Tatsachen – wie woanders auch.

Alles in allem: Fast alle Gadje leben mit grundfalschen Vorstellungen vom *Volk der Zigeuner*. Und wo diese Vorstellungen zutreffen, da sind es die gesellschaftlichen Verhältnisse im allgemeinen, die *Zigeuner* zu Menschen dritter Klasse machten.

Aber es stimmt doch, daß *Zigeuner* arbeitsscheu sind?

Es stimmt nicht. Zumindest unter den deutschen Sinti gibt es keinen Erwachsenen, der nicht arbeitete.

Im Nationalsozialismus gehörte der Vorwurf der Arbeitsscheu zu den Gründen für die Vernichtung der *Zigeuner*. »Arbeit macht frei« stand über dem Eingangstor zum KZ von Auschwitz. Unüberbietbarer Zynismus. Die *Zigeuner*, diskriminiert seit langem, sollten ihre Arbeitskraft einsetzen für ein Volk und eine Herrschaftsschicht, die ihre Vernichtung plante?

Der Vorwurf der Arbeitsscheu erinnert an das alte Vorurteil der Deutschen gegenüber den Italienern, die faul seien. Wir haben uns vom Gegenteil überzeugt. Die Italiener waren *faul* dort, wo sie keine Arbeit bekamen: im nicht industrialisierten Süden.

Wo Sinti keine Arbeit bekommen, können sie nicht arbeiten. Ihr Los erinnert an das der Juden, denen man früher nachsagte, sie lehnten jede »anständige« handwerkliche Arbeit ab und eigneten sich nur zu Viehhänd lern und zu Bankiers. Man vergaß, daß man die Juden aus andern Berufen verdrängt hatte, wie man auch die *Zigeuner* verdrängte, bis sie nur mehr Kesselflicker, Korbflechter und Schausteller sein durften. Heute arbeiten sie als Steinmetze, Kaufleute, Musiker, Instrumentenbauer usw.

Eine Frage: wären die Sinti »arbeitsscheu«, wäre dies das schlimmste aller Vergehen?

In einem leistungsbesessenen Staat: ja. Daß wir mit all unsrer fieberhaften Arbeit unsre Kultur zerstören und uns selbst, beginnen wir zu ahnen. Gehört es nicht zu unsrer Umkehr, zur Wiederfindung des eigentlich Menschlichen, daß wir unsre blinde Arbeitswut abbauen? Wären wir nicht alle glücklicher, wäre nicht Arbeiten unsre höchste Tugend und Leistung nicht unser Lebenszweck?

Wären wir nicht viel glücklicher, wenn uns weniger an Leistung gelegen wäre und mehr an menschlichem Zusammenleben, wie es die Sinti pflegen?

Bei ihnen gibt es nicht das sogenannte Verlassenheitssyndrom, das so viele junge und alte Gadje-Menschen in den Selbstmord treibt; es gibt kaum Drogenabhängige[1], es gibt kaum Alkoholiker, es gibt kaum

[1] In den letzten Jahren allerdings gibt es auch, im Gefolge der allgemeinen und der besonders die Sinti betreffenden Arbeitslosigkeit am Rand der Großstädte (Hamburg voran), ein Anwachsen der Süchtigkeit. Nicht die jungen Sinti brachten Drogen in Umlauf! Auch hier sind sie Opfer jener Gesellschaft, in die sie sich integrieren möchten.

Scheidungen, es gibt fast nie einen Mord, während bei Gadjes Morde und Raubmorde an der Tagesordnung sind. Jeder Sinto ist aufgehoben und wird aufgefangen von der Großfamilie. Der sogenannte heimatlose *Zigeuner*, er hat seine Heimat bei den Seinen.

Kann das nicht ein wichtiger Beitrag für die Gesundung unsrer zerrütteten Gesellschaft sein?

Reise ohne Rückkehr

Woher kommen die *Zigeuner*?

Diese Frage stellte man sich schon im 15. Jahrhundert, als die ersten in Deutschland auftauchten.

Nach einer mündlich überlieferten Legende – *Zigeuner* haben keine Schriftkultur – gab es einst drei Brüder: Romano, Singan und Mar Amengo Dep. Sie lebten glücklich in einem schönen reichen Land, bis die Mohammedaner einfielen, das Roma-Land zerstörten und die Roma zur Flucht zwangen. Sie flohen in drei Richtungen: Arabien, Armenien, Byzanz.

Das Land, in das die Mohammedaner kriegerisch einfielen, muß Indien sein.

Nach vielen der Wahrheit mehr oder weniger nahen Vermutungen, die im Lauf der Jahrhunderte auftauchten, ist die Romani-Sprachwissenschaft heute überzeugt, daß die *Zigeuner* tatsächlich aus Indien kommen, und zwar aus dem Punjab (Nordindien). Weil sie zur arischen Sprachgemeinschaft zählen, hat man sie eine Weile für *Arier* gehalten, was den Rassenbiologen im Nationalsozialismus zunächst einige Probleme schaffte: Wie konnte man Arier als rassisch minderwertig ausrotten wollen? Man half sich: Diese Arier waren keine reinen Arier mehr; sie hatten sich im Lauf der Zeit mit minderwertigen Rassen vermischt. So konnte man sie besten Gewissens umbringen, als »rassisch Minderwertige«. Davon wird noch die Rede sein im Kapitel über die Ansprüche der *Zigeuner* auf Wiedergutmachung nach 1945.

Daß die *Zigeuner* der arischen Sprachfamilie angehören, ist nachgewiesen. Sprachforscher haben in der Sprache der Roma, im Romanes, indo-arische Wortstämme gefunden. Der Sprachforscher F. Bodmer in seinem Standardwerk *Die Sprachen der Welt* rechnet das Romanes zu den indischen Sprachen und hält es für verwandt mit dem Altiranischen. Daß sich im Romanes nicht nur uralte (vorvedische) indogermanische Wörter finden, sondern auch Wörter aus andern Sprachen, ist leicht erklärbar: Wandernde Völker übernehmen Wörter aus der Sprache jener Völker, bei denen sie sich längere Zeit aufhalten.

Anhand der Fremdwörter im Romanes kann man den Weg der Roma von Nordindien nach dem Westen verfolgen. Ein Weg ohne Wiederkehr – bis heute.

Nicht alle Ureinwohner des Punjab zogen nach dem Westen. Ein Teil, die Banjara, zogen bei den kriegerischen Einfällen der Moslem tiefer nach Indien hinein. So zerriß die Verbindung des Volkes, aber Gemeinsamkeiten bestehen in Geschichte und Sprache, und auch im Schicksal: auch die Banjara, einige Millionen, leben am Rand der Gesellschaft, jedoch erst seit relativ kurzer Zeit: seit dem Ausbau des modernen Eisenbahnnetzes in Indien. Bis dahin war nämlich das Transportgeschäft in den Händen der Banjara, die mit ihren Ochsenkarren

Versorgungsgüter in die entlegenen Dörfer brachten. Als man sie nicht mehr brauchte, verarmten sie. Einige versuchten als Kleinbauern seßhaft zu werden, andre wurden Hilfsarbeiter. Seit einigen Jahren existiert eine Selbsthilfeorganisation, die Siedlungspläne vorlegt, eine Vertretung in den Distrikt- und Regionalregierungen verlangt und vor allem die Anerkennung als nationale Minderheit durch die Zentralregierung. Hauptziel: aus dem nomadischen Leben zum seßhaften überzugehen.

Im Handwörterbuch der Kriminologie von 1936 steht die Behauptung, die *Zigeuner* seien »die Angehörigen *einer niederen Kaste,* die um 300 v. Chr. ausgewandert sind«. Eine aus der Luft gegriffene unhaltbare Behauptung, die rassistischen Zielen dient wie so vieles in diesem heute noch gebrauchten Werk.

Daß die Roma Inder sind, anerkannte offiziell der indische Außenminister Narasimba Rao am 3. 3. 81 in einer Grußbotschaft zum 3. Welt-Roma-Kongreß:

»Die Romani haben eindeutige ethnische und historische Verbindungen mit Indien ...«

Und der Ministerpräsident von Punjab, Darbara Singh, schrieb zu diesem Anlaß, den Dichter Rabindranath Tagore zitierend:

»Der Punjab ist der Teil der Erde, der Zeuge des ersten Anbruchs der Dämmerung (der zivilisierten Menschheit) war ... Der erste zivilisierte Mensch lebte auf den Ebenen des Punjab. Die älteste und größte Kultur Indiens entsprang hier ...« Er fährt fort: »Mit

Stolz erfüllt es uns, daß die Roma, die einen beachtenswerten Teil der Bevölkerung Europas bilden, aus dem Punjab stammen. Diese Tatsache ist belegt durch erhebliche Ähnlichkeiten in Sprache, Kultur und Sitten des Roma-Volkes. Letzte Forschungen haben gezeigt, daß die Roma noch immer eine Sprache benutzen, die als Dialekt des Punjabi bezeichnet werden kann... Ebenso wichtig ist, daß das indische Institut für Romani-Wissenschaften in Chandigarh errichtet wurde, um Forschungen durchzuführen und Maßnahmen einzuleiten, die den Bund der Freundschaft und des Verständnisses zwischen dem Volk der Roma und dem der Inder festigen können...«

Schon 1976 hatte Indira Gandhi die Roma offiziell anerkannt als ein aus Indien stammendes Volk, das weiterhin ein indisches Volk bleibe, wo auch immer es in der Welt lebe. Man hat auch eine Flagge entworfen, die auf rotem Grund das indische Emblem, das Rad, zeigt.

Lange glaubte man, die *Zigeuner* stammten aus Ägypten. Daraus, so meinte man, erkläre sich der Name: das englische *Gypsy,* das *Czigany* im Ungarischen, das *Tsigane* im Französischen, das *Zingaro* im Italienischen, das *Tschingiane* im Türkischen, das *Cigano* im Portugiesischen, das *Zigeuner* im Deutschen: *Zigeuner* seien Ägypter.

Das sind sie keineswegs. Aber wie kommen sie zu dem Namen »Ägypter«? Ein Mißverständnis, das zwei Erklärungen zuläßt. Die eine: Es gab in Kleinasien eine

Provinz, die Kleinägypten hieß, und ebenso eine Provinz in Griechenland; im 17. Jahrhundert nannte sich der Herrscher Ägyptens »Herr des großen und des kleinen Ägyptens«. Möglich ist auch, daß jener Teil der Emigranten, der durch Nordafrika nach Spanien zog, von den Spaniern als Ägypter bezeichnet wurde.

Wahrscheinlicher ist eine andre Wortdeutung: das Wort *Zigeuner* stamme vom griechischen *atsinganes* oder *athinganos,* ausgesprochen als Atsinganos oder Atsinkanos. Mit *atsinganes* bezeichnete man eine kleinasiatische antike Ketzersekte, die magische Praktiken ausübte, nach Aussage der andern. Obgleich Magie an sich durchaus keine negative Kraft war und ist, kamen die Roma in den Verruf, sie seien Zauberer und Wahrsager und wurden im christlichen Byzanz gefürchtet oder verachtet.

Wohin die aus ihrer Urheimat Indien vertriebenen Roma zogen, ist bereits Teil der Geschichte Europas. Die Emigration erfolgte nicht auf einmal, sondern in zeitlichen Wellen und in großen Familienverbänden. Man kann die Wege verfolgen anhand von historischen Dokumenten und anhand der Fremdwörter im Romanes.

Es gab drei Wege. Der erste: Afghanistan, Persien, Palästina, Nordafrika, Spanien.

Der zweite: Afghanistan, Persien, Kleinasien, Türkei, Balkan.

Der dritte: Afghanistan, Persien, Armenien, Rußland, Balkan.

Daß nach Afghanistan Persien als nächstes Ziel der Wanderung gewählt wurde, ist historisch belegt: Im 5. Jahrhundert n. Chr. forderte der persische König 12 000 Musiker aus Indien an. Dieser König wollte die »Inder« seßhaft machen; er gab ihnen Land, Vieh und Getreide. Aber sie zogen weiter.

War es ihr »eingeborener Hang zum Nomadenleben«? Es ist viel einleuchtender, daß diese »Inder« Angst bekamen, als die Araber ihre kriegerischen Einfälle in Indien und dann in Persien begannen und von dort Teile der Bevölkerung verschleppten; auch diese Verschleppungen sind historisch gesichert. Dokumente nennen Zahlen: 710, dann, nach einem niedergeschlagenen Aufstand, 27 000; davon wurden 12 000 Männer Soldaten gegen das oströmische Heer, das die Moslems angriff; der Rest dieser Männer wurde als Gefangene nach Byzanz gebracht.

Im 11. Jahrhundert war der größte Einfall der Moslems im Osten. Ein arabischer Historiker aus der Zeit nennt die Zahl der Toten: 500 000, was wohl eine Übertreibung ist. Der Führer dieser Schlacht hieß mit Beinamen Ghazi (Schlächter der Ungläubigen). Von daher kann das Wort *Gadje* oder *Gajo* (Gadsche) stammen, womit die Roma jeden Nicht-Roma bezeichnen.

Die aus Indien ausgewanderten Roma waren Musiker, die verschleppten aber Krieger und Handwerker.

Eine weitere Vertreibung der Roma kam während der Türkenüberfälle auf Europa. Die Türken nahmen die Roma, die sich schon in Griechenland angesiedelt hatten, als Sklaven mit und machten aus ihnen im Balkan Leibeigene. Die Leibeigenschaft bestand fast bis zum Ende des 19. Jahrhunderts. Im 20. Jahrhundert schließlich wurden die Roma Armeniens mit den Armeniern von den Türken ausgerottet.

Wann kamen die ersten Roma nach Deutschland?

Im 15. Jahrhundert waren es wenige hundert, und man nahm sie gerne auf. Ein halbes Jahrhundert später begann die Verfolgung, die bis heute dauert.

Es gibt zwischen 1500 und 1750 rund 150 bekannte Erlasse gegen die *Zigeuner* in Deutschland: Auf dem Reichstag zu Freiburg 1498 wurden *Zigeuner* für vogelfrei erklärt; andernorts wurden sie ausgewiesen, für geringste Delikte oder auch unschuldigerweise ausgepeitscht und mit Brandmalen gezeichnet (Vorahnung der eingebrannten KZ-Nummern!), es gab organisierte Hetzjagden gegen sie; später, ab dem 18. Jahrhundert, sperrte man sie in Arbeitshäuser, preßte sie zum Militär, verschickte sie in die Kolonien Frankreichs, Spaniens, Portugals. Papst Pius V. verwendete sie als Galeerensklaven im Kampf gegen die Türken (Schlacht bei Lepanto).

Welches sind die Ursachen für die Verfolgung?

Sie sind irrationaler und rationaler Art.

Die rationalen Ursachen sind historisch-soziologischer Natur.

Als die *Zigeuner* ankamen, gab es noch den Kriegeradel, dem die *Zigeuner* als Waffenfabrikanten dienten, da sie hervorragende Schmiede waren. Dafür gaben ihnen ihre Adelsherren Privilegien, z. B. Steuerfreiheit und Jagdrecht. Das brachte die *Zigeuner* aber in Konflikt mit den Bauern.

In die Städte zu ziehen war Roma-Handwerkern unmöglich, denn dort herrschten die Zünfte, die keinen Zuzug von fremden Handwerkern erlaubten.

Zunächst dienten die Roma noch weiter ihren Herren, sei es als Musiker, sei es als Söldner. Aber als dann diese Herren selbst verarmten, wurden die Roma entlassen. Alle entlassenen Söldner des Dreißigjährigen Krieges wie auch der napoleonischen Kriege, ob Roma oder nicht, waren gezwungen zu stehlen. Die Roma schlossen sich andern Gruppen an und wurden Räuber.

Dann kam eine neue Phase, die der Aufklärung, mit der These: Alle Menschen sind gleich, alle haben die gleichen Rechte und die gleichen Pflichten. Zu den gleichen Pflichten gehört die Arbeit. *Zigeuner* müssen arbeiten. Das hatten sie auch früher getan, freiwillig. Jetzt wurden sie unter Druck gesetzt. Das geschah praktisch durch Zwangsarbeit. Aus dem Jahr 1832 stammt die Anweisung eines Pfarrers aus Friedrichslohra (Naumburg), die *Zigeuner* sollen in ein Arbeitshaus kommen, wo sie geschlagen werden sollten, wenn sie nicht arbeiteten.

Die *Zigeuner* sollten mit Gewalt angepaßt werden. Dazu schien es nötig, die Familien zu zerreißen und die Kinder in Heimen, fern ihren Eltern, zu guten Bürgern zu erziehen.

Daß die Roma ohne diesen Zwang und Druck von

oben durchaus bereit und fähig waren, beste Arbeit zu leisten und sich zu integrieren, zeigt das Beispiel des Fürstentums Wittgenstein (Berleburg).

Alles in allem: man wollte die *Zigeuner* gar nicht wirklich seßhaft werden lassen, man jagte sie vielmehr von Ort zu Ort. Bis heute.

Als im 19. Jahrhundert die Gewerbefreiheit eingeführt wurde, griffen die Roma sofort nach dieser legalen Art Arbeit: sie wurden Hausierer. Ab 1842 brauchten sie dazu eine Genehmigung und den Nachweis eines festen Wohnsitzes und Geburtsortes. Sie bemühten sich um solche Nachweise, aber man verweigerte sie ihnen häufig, denn im Fall von Arbeitsunfähigkeit wäre der betreffende Ort verpflichtet, diese Leute zu unterstützen. So blieben die Roma zum Wandern gezwungen. Sie lebten weiter vom Kleinhandel und Kleingewerbe (Kesselflicker, Pferde- und Teppichhändler). Die seßhaften wohlhabenden Bürger betrachteten diese *Zigeuner* als gefährliche Konkurrenten und stellten sie dar als Schwindler, Betrüger, Diebe. Man redete von der *»Zigeunerplage«*.

Um sich dieser (selbstgeschaffenen) Plage zu entledigen, begann man mit der polizeilichen Erfassung aller *Zigeuner*. 1899 wurde die erste polizeiliche *Zigeuner*zentrale gegründet: das Modell für die Erfassung sämtlicher *Zigeuner* im Reichskriminalamt Berlin und das Modell der Landfahrerzentrale München, von der noch die bittere Rede sein wird.

Zu diesen rationalen Ursachen für die Verfolgung

der *Zigeuner* kommen irrationale – nicht minder wichtig, denn aus dem Irrationalen stammen die heftigsten Antriebe für Antipathien und Vernichtungswünsche. Das Irrationale tarnt sich meist erfolgreich.

Als im Gefolge der Türkenkriege die *Zigeuner* nach Europa gebracht wurden, hielt man sie für Heiden, also für Böse, zumindest für Minderwertige und für Feinde aller Gläubigen. Christen wie Moslems verdächtigten sie, weil Heiden angeblich immer auch magische Praktiken ausüben. Von vielen bezeugten Beispielen nur einige: in Nordspanien durften *Zigeuner* keine Kirche betreten, auch wenn sie als Katholiken bekannt waren. Noch im 19. Jahrhundert verbot die orthodoxe Kirche Bulgariens, den *Zigeunern* Almosen zu geben. Aus Schweden stammt ein dokumentiertes Dekret eines evangelischen Bischofs, demzufolge *Zigeuner* weder getauft noch christlich begraben werden dürfen. Dasselbe findet sich in einem Dekret aus Magdeburg.

Wieso aber? Mußten die christlichen Kirchen nicht froh sein darüber, durch die Taufe nicht nur »Seelen zu retten für den Himmel«, sondern auch zahlenmäßigen Zuwachs zu bekommen, da doch die politische Bedeutung der Kirchen (d. h. ihre Macht) auch eine Angelegenheit der Zahl war?

Warum also die Ablehnung? Die christlichen Kirchen sahen im Begehren der *Zigeuner* nach der Taufe nichts andres als den Versuch, sich um jeden Preis anzupassen und daraus Vorteile zu ziehen, z. B. reiche und mächtige Paten zu gewinnen. Eine Taufe unter solchem

Aspekt ist aber dem Wesen des Sakraments entgegengesetzt. Hätte ich theologisch zu argumentieren, so würde ich sagen: Wenn die Kirchen Nottaufen erlauben, fällt dann nicht auch unter diesen Begriff eine Taufe, die der Not des Verfolgten und eines ganzen Volkes abhelfen kann? Ich würde ferner sagen, daß das größte Sakrament die Liebe und das liebende Mitleid ist und daß alles gerechtfertigt ist, was Menschen aus der Not hilft – selbst gegen zementierte Dogmen und Kirchengesetze. Seltsam ist hierbei der immer wieder auftauchende Widerspruch im Verhalten der Mehrheit zur *Zigeuner*-Minderheit: man will deren Anpassung und Integrierung, erschwert sie aber zugleich mit allen Mitteln.

Der tiefste Grund der *Zigeuner*-Diskriminierung ist der offene und der geheime Rassismus, mit andern Worten: die Angst vor allem Fremden, durch das man sich in der eigenen Sicherheit bedroht fühlt, auch wenn die Bedrohung durchaus nicht beweisbar ist.

Der niederbayerische Bauer, der 1980 zwei *Zigeuner*-Mädchen erschoß, tat das nicht, weil sie ihn physisch und mit Waffen bedrohten, sondern weil er sie als *Zigeuner* haßte und fürchtete. Er führte tätlich aus, was viele gern tun würden: das Fremde mit den Fremden ausrotten.

Die meisten von uns sind Fremdenhasser. Die Intelligenten unter uns sublimieren ihre Xenophobie in ein positives Vorurteil: *Zigeuner* sind geheimnisvoll, sie sind faszinierend, ja liebenswert. Die meisten von uns haben ein ambivalentes Verhältnis zu ihnen: sie interessieren uns, wir sind von ihnen angezogen, aber wir lehnen sie insgeheim dennoch ab. Unsre Vorurteile sind, bis jetzt, nicht ausrottbar, genauso wie unsre Vorurteile gegenüber Juden weiterbestehen. Man hört sehr oft: »Er ist Jude, aber...« (*aber* ehrlich, *aber* tüchtig, *aber*...). So denken wir auch: »Er ist *Zigeuner*, *aber* er ist dennoch ehrlich.«

Unsre Vorurteile sind um so tiefer verwurzelt, als sie legendär sind. Christenkinder lernten noch zu meiner Zeit, in unserm aufgeklärten Jahrhundert, daß die bösen Juden Jesus ermordet haben und also Gottesmörder sind.

Analog dazu gibt es die Legende, daß *Zigeuner* verflucht seien, weil sie der Heiligen Familie auf der Flucht nach Ägypten in ihren Zelten keine Unterkunft gaben. In einem spanischen Lied heißt es, die *Zigeuner* haben dem Jesuskind die Windeln aus der Krippe gestohlen. Nach einer andern Legende müsse jener *Zigeuner*, der mit böser Begeisterung die Nägel für den Gekreuzigten geschmiedet habe, todlos über die Erde und durch die Zeiten wandern. Juden und *Zigeuner* haben ihren Ahasver, das Symbol für ihr Schicksal.

Die christlichen Kirchen taten nichts, solche folgenschweren Legenden auszurotten, im Gegenteil: sie kamen ihnen recht. Die *Zigeuner* waren nicht nur meist »Heiden«, sondern als Heiden auch »Zauberer und Wahrsager«, magiebesessene Leute. Da das Kirchenvolk (bis heute, und heute erneut) zu Magie mehr neigt als zu Dogmenglauben und Sakramentenlehre, hatten die Kirchen zu fürchten, daß ihr Volk dank der Korrespondenz zwischen aktiver und passiver Magie weit stärker von den *Zigeunern* beeinflußt würde als von den Priestern. Kirchen lehnen alles ab, was das blinde Vertrauen in »Gott«, d. h. in die Kirchen schmälert. (Was verständlich ist, aber zu kurz gedacht.) Darum sind sie gegen Wahrsagen, Kartenlegen, Astrologie und betrachten die neue Wissenschaft der Parapsychologie noch als eine Art Scharlatanerie.

Spielt die Hautfarbe der Roma eine unterschwellige Rolle? Doch wohl auch. Die aufgeklärten *Neger* der USA sagen, ihr von den Weißen anerzogenes Minderwertigkeitsgefühl nicht nur kompensierend, sondern wirklich überwindend: »Black is beautiful«. Ist Schwarz schön? Ist es nicht schön? Darum geht es nicht. Es geht um sehr viel Tieferes, nämlich um den uralten Dualismus von Licht und Finsternis, der aus dem Iran über Griechenland sich ausbreitete. Alles was hell ist, das ist gut, was dunkel ist, das ist böse. Alles Helle gehört in den Bereich des Geistes, alles Dunkle in den der Materie. Dieser Zuordnung entstammt auch die Diskriminierung der Frau in Europa. Der helle Geistbereich ist männlich, der dunkle Materiebereich ist weiblich. Die Erkenntnis von der die gesamte Schöpfung durchwallenden Polarität von Männlich–Weiblich (Yang und Yin im Chinesischen) ist richtig Falsch ist aber und folgenschwer die Identifizierung vom Prinzip Männlich mit dem konkreten Mann und dem Prinzip

Weiblich mit der konkreten Frau, woraus sich die Bevorzugung des Mannes und der Anspruch des Mannes auf die Herrschaft (Patriarchat) ableitet, und die Diskriminierung der Frau.

So entstand in antiken Philosophien (Gnosis) die Diskriminierung alles »Dunklen« und, in völligem Mißverständnis, später auch die Diskriminierung aller Dunkelhäutigen. Bis in unser so aufgeklärtes Jahrhundert sind *Neger* und *Zigeuner* »minderwertig«. Die nationalsozialistische Rassenbiologie faßt deshalb *Neger* und *Zigeuner* auf als Bedrohung der »Arier«, die »hell« sind: weißhäutig und blond. (Daß unsre Nazigrößen diesem Ideal keineswegs entsprachen – wem fiel's schon auf?!)

Zu den irrationalen, endgültig aufzuhellenden Gründen für die Diskriminierung der *Zigeuner* gehört unser seltsames Bedürfnis nach dem sogenannten Sündenbock.

Die alten Juden opferten am Versöhnungstag zwei Schafböcke: einer, Jahwe geweiht, wurde geschlachtet, und mit seinem Blut wurde der Altar und das Volk gereinigt von Sünden. Der andre Bock, dem Wüstendämon Azazl geopfert, wurde nicht getötet, sondern in die Wüste geführt, nachdem ihm der Hohepriester die Hände aufgelegt und ihn (symbolisch oder magisch) mit allen Sünden des jüdischen Volks beladen hatte.

Wir wissen es nicht mit unserm Verstand, aber in unserm kollektiven Unbewußten haust der Glaube, es gebe tatsächlich Sündenböcke: Menschen und Gruppen, die schuld seien an einem Unglück, weil sie Sünden begingen. Unser Sündenbock sind die *Zigeuner*, seit es die Juden nicht mehr sein dürfen.

Die *Zigeuner* sind Sünder (wir nicht)
sie stehlen (wir nicht)
sie lügen (wir nicht)
sie betrügen (wir nicht)
sie üben magische Praktiken aus (wir nicht)
sie sind Spione (wir nicht)
sie entführen Kinder (wir nicht)
sie haben venerische Krankheiten (wir nicht)
sie sind schmutzig (wir nicht).

Daß sie Kinder schlachten und essen, glauben wir heute nicht mehr. Den Kannibalismus haben *Zigeuner* im 18. Jahrhundert in Ungarn zugegeben – unter der Folter. Der Vorwurf wurde daraufhin von Kaiser Josef II. durch eine Untersuchung geprüft. Die angeblich Verspeisten fand man am Leben – von den 190 Sinti waren 40 bereits getötet: gerädert, gehenkt, verbrannt. Auf Anordnung von Josef II. wurden die übrigen freigelassen und vom Vorwurf des Kannibalismus freigesprochen.

Daß *Zigeuner* Gadje-Kinder entführen, glaubt man immer noch: 1969 ging durch die französische Presse die Nachricht, *Zigeuner* hätten ein geistig behindertes Kind entführt. Der Beweis wurde nie erbracht. Frage: warum sollten *Zigeuner* ein geistig behindertes Kind entführen? Warum überhaupt Kinder entführen, wenn sie, ganz unähnlich der italienischen Mafia, keine erpresserischen Forderungen daran knüpfen?

Die Frage muß lauten: wer hat wem die Kinder entführt?

Wer hat Sinti-Kinder ihren Familien entrissen und sie zum Beispiel zwangsweise ins Kinderheim Mulfingen gebracht?

Wer hat in der Schweiz unter dem Siegel »pro juventute« den Roma die Kinder weggenommen (geraubt), um sie in Kinderheimen zu normalen Schweizer Bürgern zu erziehen?

Wer hat die Romafamilien in Europa zwangsweise getrennt, so daß die Kinder familien- und heimatlos wurden?

Das Märchen von den entführten Christenkindern bekam Nahrung durch die Beobachtung, daß sich unter den vielen dunklen *Zigeuner*kindern hellhäutige und blonde fanden. Nun: auch *Zigeuner* machen erotische Seitensprünge. Im übrigen haben sie, in ihrer großen Kinderliebe, schon von Christenmüttern ausgesetzte Kinder aufgenommen. Gestohlen haben sie sie nicht, sie haben selbst Kinder genug.

Wer von uns mutig genug ist, sein eigenes Un- oder Halbbewußtes zu erforschen, wird finden, daß sein Verhältnis zu den *Zigeunern* ein ambivalentes ist und zwischen Faszination und Ablehnung schwankt. Wir finden die *Zigeuner* und ihr Leben romantisch und bringen es in Zusammenhang mit Tanz, Musik, bunter

Kleidung, Schmuck, Schaustellung, Theater und Leben in freier Natur. Da das Wort »Roma« Mensch heißt, kann einem einfallen, daß die Art, in der die Roma leben, höchst menschlich und daß unser heutiges freiwilliges Nomadentum Ausdruck unsrer geheimen neidvollen Sehnsucht nach dem sogenannten *Zigeunerleben* ist: an keinen Ort gebunden sein, im Wohnwagen herumziehen, den festen Beruf wenigstens für eine Weile ablegen, in Gemeinschaft (auf Campingplätzen) leben, zur Natur zurückkehren.

(Wehe aber den *Zigeunern,* die unsre Campingplätze mitbenützen wollen! Sie stoßen auf Verbotstafeln oder direkte polizeiliche Abweisung. Ehemalige SS-Leute dürfen die Campingplätze betreten, ihre Opfer aber nicht!)

Jedoch: gewöhnt an unsre Verstandeskultur, erlauben wir uns nicht, das Nomadentum in uns selbst zu bejahen. Wie man alles, was man sich nicht erlaubt, anderen neidet, und, um es nicht neiden zu müssen, herabsetzt, so machen wir es mit dem Phänomen *Zigeunertum.* Wie ist es sonst erklärlich, daß sehr viele Gadje-Kinder behaupten oder davon träumen und es sich wünschen, von *Zigeunern* abzustammen? Ich selber war lange Zeit überzeugt, ein *Zigeuner*findelkind zu sein. Eine meiner Erzählungen in meinem ersten Buch handelt von einem *Zigeuner*knaben, der mich aus meiner bürgerlichen Sicherheit locken wollte, dem zu folgen mir aber der Mut fehlte; was blieb, war die Sehnsucht. Es ist durchaus möglich, daß in unserm so »*zigeuner*reinen«, so »arischen« Blut alte Erinnerungen an die ursprüngliche Freiheit des Lebens in der indischen Urheimat sich erhalten haben. Ich bin sicher, daß derartige Irrationalitäten uns weit stärker bestimmen in unserm zwiespältigen Verhalten zu den *Zigeunern*, als es jede rational-soziologisch-politisch-kriminalistische *Zigeunerwissenschaft* zu erklären vermag, deren Sinn ohnehin fragwürdig ist, da ihre Ergebnisse ihrem Forschungsobjekt, den *Zigeunern*, durchaus nicht leben helfen. Im Gegenteil. Davon wird noch die Rede sein.

Hitlers Plan, die *Zigeuner* völlig auszurotten, hat uralte Wurzeln in Europa.

Historiker, die sich mit der Geschichte der Roma befassen, fanden die genauen Daten des Ablaufs der Verfolgungen. Hier die wichtigsten und gesicherten Daten von Vertreibungen, Verhaftungswellen, Strafen, Morden an *Zigeunern* infolge von Gesetzgebungen:

1471 Schweiz (Luzern)
1482 Preußen
1485 Spanien
1498 Deutschland (Freiburg)
1510 Frankreich
1524 Holland
1526 Portugal
1530 England
1536 Dänemark
1540 Flandern
1541 Schottland
1549 Böhmen
1557 Polen und Litauen
1637 Schweden
1709 Deutschland-Oberrhein
1722 Frankfurt

Worin bestanden die *Zigeuner*-Verfolgungen?

Einige Beispiele:

1554 wurde in England ein Gesetz erlassen, demzufolge jeder *Zigeuner* einfach auf Grund der Tatsache, *Zigeuner* zu sein, getötet werden sollte, ebenso auch alle, die in Begleitung oder in Gesellschaft von *Zigeunern* gefunden werden.

1559 wurde in Dänemark und Schweden die Todesstrafe für männliche *Zigeuner* eingeführt, nur für das Vergehen, *Zigeuner* zu sein.

Unter Ludwig XIV. in Frankreich kam zur Todesstrafe der Männer das Scheren der Haare von *Zigeuner*frauen und das Einsperren von Frauen und Kindern in Arbeitslager.

1709 wurde im Oberrheinischen beschlossen, daß jeder *Zigeuner* gehenkt oder deportiert werde, auch ohne Anklage. Das Brandmarken und Auspeitschen von Frauen und Kindern ist dokumentiert.

In Preußen unter König Friedrich Wilhelm I. wurde im Jahre 1725 die Todesstrafe eingeführt für jeden *Zigeuner* über 18 Jahre, auch wenn er nie im Leben kriminell war.

Aus dem Jahr 1700 stammt ein Bild im Museum Nördlingen: ein Büttel führt, ihn auspeitschend, einen *Zigeuner* zum Galgen, an dem schon ein andrer hängt. Unterschrift: »Gauner und Zigeiner Straff«. Es war eine Warntafel, an Landes- und Ortsgrenzen angebracht.

Aus der Zeit Kaiser Maximilians stammt der Erlaß,

daß ein Nicht-*Zigeuner*, der einen *Zigeuner* tötet, von der Anklage des Mords freigesprochen wird, da er »ja nicht gegen die Interessen des Staates verstoßen habe«.

Dieser Erlaß erinnert fatal an die Gerichtsentscheidung von 1980 gegen den niederbayerischen *Zigeunerinnen*mörder.

Im 18. Jahrhundert wurden in Deutschland und Frankreich Prämien ausgesetzt auf den Fang von *Zigeunern*. In Frankreich bezahlte man 24 Franken für männliche, 9 für weibliche *Zigeuner*.

In einem Jagdbericht eines niederrheinischen Adelsherrn steht unter den erlegten Beutetieren: »Eine Zigeunerfrau mit säugendem Kind.« (Ein Unglücksfall?!)

Das 19. Jahrhundert nahm eine andere Methode, die *Zigeuner* auszurotten, wieder auf, die schon im 16. Jahrhundert praktiziert wurde: die Zwangsdeportierung in die Neue Welt. Es war sehr rentabel, europäische *Zigeuner* zu fangen und sie, den Negersklaven gleich, in den südamerikanischen Kolonien Spaniens und Portugals als billige rechtlose Arbeitskräfte einzusetzen. In Spanien zwang man die *Zigeuner* als Leibeigene zum Arbeitsdienst bei Grundherren.

In Osteuropa waren *Zigeuner* von Geburt an Leibeigene, also Sklaven. Auch zu Zeiten und in Ländern, in denen einerseits Erleichterungen gewährt wurden, erfand man andererseits Erschwerungen: Sondersteuern für *Zigeuner*musikanten und *Zigeuner*tänzer und das Verbot der Herstellung von Kupfergegenständen (einer der berühmten *Zigeuner*-Berufe), eine Maßnahme der nicht-*zigeunerischen* Kupferschmiede aus Konkurrenzgründen.

Und die christlichen Kirchen?

Natürlich standen sie auf seiten der einheimischen Bürger und der sie schützenden Ordnungsmächte, das heißt: sie billigten alle Maßnahmen gegen die *Zigeuner* und führten Sonderbestimmungen ein: die orthodoxchristliche Kirche Rumäniens erklärte z. B. Heiraten zwischen *Zigeunern* und Rumänen für ungültig, sofort aufzulösen und fernerhin zu verbieten. So wurden *Zigeuner*familien auseinandergerissen. Damit verloren sie ihren Halt, der eben im engen Familienverband bestand.

Es gab immer wieder Versuche, die *Zigeuner* seßhaft zu machen und sie zu integrieren. Eine große Aktion der Integration und Assimilation war jene der österreichischen Kaiserin Maria Theresia, welche die *Zigeuner* zu »Neu-Ungarn« erklärte, ihnen Land, Saatgut und Vieh zuteilte, ihnen aber die Kinder wegnahm, um sie auf Staatskosten zu erziehen. Schulzwang und Pflicht zum Kirchenbesuch wurden eingeführt, *Zigeunermusik* (außer an Sonntagen) verboten und, widersprüchlich zur Assimilierungspolitik, die Heirat von *Zigeunern* mit Gadjes verboten.

Der Nachfolger Maria Theresias, Kaiser Joseph II., der als Aufgeklärter galt, führte diese Politik fort. Für ihn waren die männlichen *Zigeuner* billige Landarbeiter und billige Soldaten.

Der erste *Zigeuner*forscher, Grellmann, schrieb damals begeistert: »So wird ein neuer Stein in seiner Krone sein, daß er so viele Tausende solcher Elenden, die, tief in Laster (!?) und Wildheit versunken, als Halbmenschen in die Irre liefen, aus ihrem Unrat herausgezogen, sie zu Menschen und guten Bürgern gemacht habe.«

Das Jahr 1817 und das Land Schwaben (Stuttgart) brachte Ordnung ins *Zigeuner*wesen: es ließ die *Zigeuner* in der Stadt und im Umkreis polizeilich registrieren. Es waren 150. Diese Registrierung ist das Urbild der *Rassenbiologischen Forschungsstelle beim Reichsgesundheitsamt* unter Hitler.

Das nächste halbe Jahrhundert brachte Gesetz um Gesetz gegen die *Zigeuner*:

1871 bestimmt das hessische Innenministerium, daß an »nicht heimatberechtigte« *Zigeuner* keine Gewerbescheine gegeben werden dürften, an heimatberechtigte nur »nach sorgfältiger Prüfung«.

1885 wird in Österreich Zwangsarbeit für »Vagabundage« angeordnet, aber nicht für seßhafte Sinti.

1886 wird im Deutschen Reich Abschiebung von *Zigeunern* ohne deutschen Paß angeordnet und solchen mit deutschem Paß das umherziehende Gewerbe verhindert durch »Einleitung von Strafverfahren oder Einweisung ins Arbeitshaus«.

1899 kam das Gesetz der Zwangserziehung Minderjähriger, das für alle verwahrlosten Jugendliche galt, aber ab 1900 insbesondere für *Zigeuner*.

1899 wurde der *Zigeunernachrichtendienst* gegründet, eine Vorstufe unsrer heutigen Datenbank.

1904 hatte man in Bayern (dem hierin eifrigsten Land) schon 3350 Akten über *Zigeuner* gesammelt.

1905 gab das Bayrische Innenministerium ein *Zigeuner-Jahrbuch* heraus: eine Zusammenfassung aller von 1816–1903 erlassenen Verordnungen zur »Beseitigung der Zigeunerplage«.

Von da an hatte jeder *Zigeuner* seinen Paß (Landfahrerausweis) mitzuführen, seinen Heimatschein, seinen Wandergewerbeschein, Geburtsschein, Trauschein und andre Papiere. Fehlte ihm eins der Papiere, war er straffällig und wurde eingesperrt oder deportiert.

Da *Zigeuner* damals Analphabeten waren, waren sie der Willkür der Polizei ausgeliefert.

1914 wurden auch *Zigeuner* zum Militär eingezogen, aber streng überwacht, da man sie für spionageverdächtig hielt.

Davon hielt nicht ab, daß der Urgroßvater der heute in Freiburg ansässigen Familie Birkenfeld, die Tapferkeitsmedaille für besonderen Mut bei der Führung eines Spähtrupps im Ersten Weltkrieg erhielt. Zum Beispiel.

1926 wurde in Bayern ein neues Gesetz erlassen, das »*Zigeuner*, Landfahrer und Arbeitsscheue« betraf.

Damals wurde auch die polizeiliche Erfassung durch Fingerabdrücke eingeführt.

Frankreich hatte schon 1912 die »Cartes anthropométriques« eingeführt mit Name, Vorname, Geburtsland, Ort und Datum der Geburt, Körpergröße, Brustumfang, Kopfgröße, Länge des rechten Ohres, Armlänge vom linken Ellbogen bis zum linken Mittelfinger,

Länge des linken Fußes; dazu zwei Lichtbildern und die Fingerabdrücke. Dies alles war die Vorwegnahme der Arbeit der »Rassenforscher« Eva Justin und Dr. Ritter im NS-Staat.

In der Sowjetunion begann man nach den Prinzipien der Revolution von 1917 auch die *Zigeuner* zu nationalisieren und zu proletarisieren. Nach heutigem Stand sind die *Zigeuner* dort eine anerkannte nationale Minderheit. Ein stetig wachsender Teil der Jugend ist alphabetisiert wie alle Sowjetbürger und besucht höhere Schulen und auch die Universitäten. Die Zusammensetzung der Sowjetunion aus sehr vielen ethnischen Gruppen und Minderheiten erleichtert den *Zigeunern* das Leben und die Beibehaltung ihrer nationalen Besonderheiten. Gelöst ist das *Zigeunerproblem* freilich auch in den Ostblockländern nicht, wie wir besonders aus Jugoslawien erfahren, wohin abgeschoben zu werden die von dort stammenden Roma-*Zigeuner* nicht umsonst so fürchten.

Die Endlösung

Unter Hitler hatte man schließlich die Lösung der *Zigeunerfrage* gefunden: *Die Endlösung,* nämlich die Ausrottung aller *Zigeuner* im Reich und in den anektierten Gebieten.

Diese Lösung geschah nicht von einem Tag auf den andern. Rückschauend kann man feststellen, daß die Nationalsozialisten zunächst keine einheitliche und eindeutige Haltung gegenüber den *Zigeunern* hatten, da man, der nationalsozialistischen Rassentheorie und Rassenideologie zufolge, *Zigeuner* mit ihrer indoarischen Sprache und ihrer physischen Ähnlichkeit mit den arischen Indern nicht sofort offiziell als »artfremdes Element« klassifizierte, sondern sie mit »Asozialen« gleichsetzte. Aber schon auf dem Nürnberger Parteitag 1935 wurde das Reichsbürgergesetz und das Blutschutzgesetz erlassen. Juden, *Neger, Zigeuner* und Mischlinge galten als »blutsmäßig artfremd«. Sie alle waren »der innere Feind«, der bekämpft werden mußte.

Zunächst galten *Zigeuner* als Staatsbürger 2. Klasse, die vielen Einschränkungen unterworfen waren: Verbot des Umherziehens, strengster Meldezwang bei jedem noch so kurzen Ortswechsel usw. Die planmäßige Verfolgung begann 1936, als in Berlin beim Gesundheitsamt die *rassenhygienische und bevölkerungsbiologische Forschungsstelle* gegründet wurde. Der Leiter war ein Dr. Robert Ritter, der nach 1945 im bundesdeutschen Rechtsstaat nicht nur nicht bestraft, sondern in Ruhe und Ehren weiter als Arzt in Frankfurt amtieren konnte, da es ihm gelungen war, glauben zu machen, er habe mit Einweisungen in KZs nichts zu tun gehabt; er habe schon 1941, also lang vor Beginn der Massenvernichtung der *Zigeuner*, seine Forschungen am »Zigeunermaterial« eingestellt. Daß man unter einem *Zigeuner* betreffenden Dokument von 1943 seine Unterschrift fand, galt nicht als Beweis...

Zu welchen Ergebnissen waren diese pseudowissenschaftlichen Rassenforscher gekommen?

»Zigeuner sind ein durch und durch kriminelles Element. Der Wandertrieb, durch Generationen zur Gewohnheit geworden, ist ein Mittel, sich jeder körperlichen Arbeit zu entziehen. 500 Jahre haben die Zigeuner auf deutschem Boden gelebt, ohne daß es möglich war, sie zu nützlichen Menschen zu erziehen, weder durch staatliche Hilfe noch durch Zwangserziehung.«

Man erkennt das Erbe jener Feststellung in der Landfahrerdefinition des Bundeskriminalamts, die heute, 1985, gültig ist!

In diesem Handbuch finden wir gesammelt alle Vorurteile gegen *Zigeuner*:

»Die Neigung der Zigeuner zur Begehung krimineller Handlungen ist allgemein bekannt; wesenseigen sind dem Zigeuner insbesondere: der Hang zu einem ungebundenen Wanderleben, verbunden mit einer stark ausgeprägten Arbeitsscheu, hierdurch bedingt der Wunsch nach einem möglichst mühelosen Erwerb; ihm fehlen die allgemeingültigen sittlichen Anschauungen, sein Wesen ist voll Heuchelei und Feigheit. Aus diesen Grundzügen ergeben sich seine kriminellen Betätigungen (...) Zu seinen Delikten gehört außer Diebstahl, Raub und Einbruch Haus- und Landfriedensbruch durch Auftreten in Horden und Begehung von Gewalttätigkeiten mit vereinten Kräften, Widerstand gegen die Staatsgewalt, Brandstiftung, Körperverletzung und Beleidigung, in neuerer Zeit (NS-Zeit) Verstoß gegen die zur Devisenbewirtschaftung erlassenen Bestimmungen, Paßvergehen, Fälschung von Ausweisen, Landstreicherei ...«

Es gibt kein Vergehen, das den *Zigeunern* nicht angelastet wird, und zwar mit Begründung durch ihre »angeborene rassische Minderwertigkeit«. Als ob die nämlichen Vergehen nicht auch von Gadjes begangen würden! Sind sie bei denen, bei uns andern also, auch rassebedingt? Entstammen unsre Einbrecher und Mörder, in unsern Gefängnissen einsitzend, nicht der hochwertigen arischen Rasse? Im übrigen ist einwandfrei statistisch festgestellt, daß es unter Sinti und Roma kaum schwere Delikte gibt.

Um Nicht-*Zigeuner* von Ehen oder sexuellen Beziehungen mit *Zigeunern* abzuschrecken, verbreitete man die Nachricht, unter den *Zigeunern* grassierten Geschlechtskrankheiten.

Alle *Zigeuner* sind »erbminderwertig«.

»Zigeuner-Mischlinge sind in der Regel hochgradig unausgeglichen, charakterlos, unberechenbar, unzuverlässig, faul, unstet, reizbar, kurz: arbeitsscheu und asozial.«

Dies das Urteil des Dr. Ritter, 1941. (Übrigens eine Sprache, die sich auch in den Büchern seiner geistigen Schüler findet!)

In einem Arbeitsbericht erklärt er: »Die Zigeunerfrage kann nur dann als gelöst betrachtet werden, wenn die Mehrzahl der asozialen und nutzlosen Zigeuner-Mischlinge in großen Arbeitslagern untergebracht sind und der Fortpflanzung ein Ende bereitet ist.«

Als Mischlinge galten jene *Zigeuner*, unter deren 16 Urgroßeltern 2 *Zigeuner* oder selbst *Zigeuner*mischlinge waren. Ab 1943 konnten solche Mischlinge ohne weitere Begründung nach Auschwitz deportiert werden.

Zur Lösung der *Zigeunerfrage* gab es, laut nationalsozialistischem Staat, vier Möglichkeiten:

1. Die Assimilierung, die jedoch nicht gelang und nicht gelingen konnte infolge des »artfremden Blutes«;
2. die Deportation in andre Gebiete der Erde (Vorschläge: Abessinien, Polynesien);
3. Sterilisation;
4. Einlieferung in Arbeitslager und KZs;
5. »Die einzige wirkliche Lösung ist die Ausmerzung.«

Die Erfassung der *Zigeuner* war möglich durch die Arbeit des Rassenkundlers Dr. Ritter und seiner engen Mitarbeiterin Eva Justin.
Diese Eva Justin erklärte 1964 vor der Frankfurter Staatsanwaltschaft, sie habe nicht gewußt, daß aufgrund ihrer Rassenforschungstheorien *Zigeuner* in KZs deportiert wurden. Kommentar überflüssig. Ritter und Justin blieben unbestraft.

Im bundesdeutschen Rechtsstaat.

Ritter wie Justin hatten eng zusammengearbeitet mit der Münchner Zigeunerpolizeistelle und dem Reichskriminalpolizeiamt im Reichssicherheitshauptamt. Und sie hätten nichts gewußt von den Folgen ihrer Arbeit?

Die Sterilisierung »reinrassiger« *Zigeuner* war schon 1937 beschlossen und weitgehend durchgeführt worden. Im Reichsverwaltungsblatt Nr. 10 steht, daß »90% der Zigeunerkinder in Berleburg reif für eine Sterilisation sind«. 1937 hatten die ungarischen Faschisten unter Anstiftung der deutschen Faschisten die Sterilisation der *Zigeuner* beschlossen.

Als Ersatz für Zwangssterilisierung im NS-Staat bekam man 5000 DM »ohne jede Rechtsverpflichtung«. Wer entschädigt sie dafür, daß sie keine Kinder haben und daß ihre Ehen daran zerbrechen? Die katholische Kirche, welche die Geburtenkontrolle so erbittert ablehnt, nimmt gleichgültig hin, daß *Zigeuner*, die Kinder haben wollen, keine bekommen können!

Die ersten *Zigeuner* (400) wurden im Juli 1936 ins KZ

Dachau eingeliefert, die letzten 1944 in Auschwitz-Birkenau.

1938 wurde der Erlaß herausgegeben, daß alle *Zigeuner,* seßhafte und nicht-seßhafte, beim Reichskriminalpolizeiamt, der Reichszentrale zur Bekämpfung des *Zigeuner*unwesens, gemeldet sein müssen. Das hieß: *Zigeuner* sind auf jeden Fall als Kriminelle zu behandeln. Im selben Erlaß steht: »Die Regelung der Zigeunerfrage ist *aus dem Wesen der Rasse heraus* in Angriff zu nehmen.«

Kann es demnach einen Zweifel darüber geben, daß die *Zigeuner* ihrer Rasse wegen verfolgt waren – auch schon vor 1943 und nicht erst von 1943 ab, wie man, zu unser aller Schande, bei den Verfahren um Wiedergutmachung und Entschädigung an *Zigeunern* in unsern Tagen noch glauben machen will?

Aber nicht nur wir Deutschen sind mitschuldig am Schicksal der *Zigeuner.* Auch andere Länder, ob von den Nazis besetzt oder nicht, haben ihren Schatten:

Frankreich hat schon vor der Besetzung die Polizeiaufsicht über die *Zigeuner* verhängt und ihnen das Umherreisen verboten. Auch gab es mindestens 20 große KZs, die ausschließlich unter französischer Verwaltung standen, was Frankreich heute noch ableugnet. Die größten Lager waren in Rennes, Poitiers, Compiègne. Es waren keine Vernichtungslager, doch waren die Bedingungen so miserabel, daß die Sterberate enorm war.

Frankreich rechtfertigt sich mit dem Hinweis darauf, daß noch 1942 das große internationale *Zigeuner*treffen in Les Saintes Maries in der Camargue stattfinden konnte. Offenbar eine Alibi-Handlung. Im Jahr darauf wurde das Fest verboten.

Dänemark hatte 1939 ein Gesuch belgischer *Zigeuner* um Einreise abgelehnt; diese Ablehnung führte die Abgewiesenen ins KZ.

Die holländische Polizei arbeitete mit der SS Hand in Hand: die *Zigeuner* wurden in das Sammellager Westerbock gebracht und von dort entweder als Zwangsarbeiter in reichsdeutsche Fabriken verbracht oder nach Auschwitz deportiert.

Es gibt genügend Berichte mit Dokumenten über die Behandlung der *Zigeuner* in den verschiedenen Ländern: von Frankreich über Luxemburg bis Jugoslawien, Algerien, Italien, Polen, Sowjetunion.

Gab es denn kein Land, in das *Zigeuner* flüchten konnten?

England nahm die wenigen aus Nordfrankreich flüchtenden *Zigeuner* auf. Spanien, obgleich unter dem faschistischen Franco-Regime, ließ die französischen Roma-Flüchtlinge unbehelligt, vermutlich, weil *Zigeuner* und Spanier äußerlich schwer zu unterscheiden sind.

Daß der Rassenhaß in Spanien wieder neu auftauchte, beweist der Zwischenfall 1984: als Papst Johannes Paul II. seine Südamerika-Reise in Spanien für fünfzehn Stunden zu unterbrechen gedachte, verursachte die sogenannte *Zigeunerfrage* beinahe einen Bürgerkrieg: die *Zigeuner* wohnen am Rand von Valencia und Madrid in den üblichen miserablen Verhältnissen. Der Papst sollte sie nicht sehen. So beschloß man, die Baracken abzureißen und in aller Eile einige präsentable Häuser für *Zigeuner* zu bauen. Jedoch die Bürger der Stadt sträubten sich, das hierfür vorgesehene Grundstück freizugeben. Man einigte sich jedoch vor der Ankunft des Papstes, die schlechtesten der Hütten abzureißen und provisorische Häuser hinzustellen. Diese Praxis erinnert an jene, die unter dem Namen »Potemkin'sche Dörfer« bekannt wurde: man baute im zaristischen Rußland in aller Eile einige Musterdörfer, um dem reisenden Zaren zu beweisen, daß der Protest der Bauern durchaus bösartig und ungerechtfertigt sei.

Der kleine mittelamerikanische Staat Guatemala, als einziger, bot *Zigeunern* Zuflucht und Staatsangehörigkeit an, wie er sie schon vorher, während der Zeit des Nationalsozialismus, jüdischen Emigranten gewährte.

Italien deportierte seine *Zigeuner* auf kleine Inseln, wo sie zwar ein hartes Leben hatten, aber den Krieg überlebten, so in Sardinien, wo sie von der Polizei einfach ausgesetzt wurden und sich selbst überlassen blieben, arm unter den Armen.

Andre italienische *Zigeuner* schlossen sich den Partisanen an. Jene, die am 8. 9. 1943 in die Hände der Deutschen fielen, wurden in die Vernichtungslager deportiert.

Wie die Lage der Roma im Spanien von heute ist, entnehme ich einem Bericht aus einem Interview, das ein Mitarbeiter der Zeitschrift *Pogrom* mit einem spanischen Rom, einem *Gitano,* machte. Der Journalist sagte: »Macht doch Politik, damit ihr mehr öffentlichen Widerhall bekommt!«

Die Antwort: »Aber die Parteien nehmen uns nicht für voll! Wenn wir eine Demonstration machen, setzen sie eine interministerielle Kommission ein, achtzig Personen, und kein Gitano dabei. Und wer demonstriert, verliert seine Tageseinnahme. Wir haben demonstriert in Burgos, sechstausend gingen hin, und was war? Man sagt, wir sind unstet. Ja, Gitanos wohnen nie länger als vier Jahre im selben Stadtteil, und warum? Man treibt sie fort. Neulich, da provozierte in einer Bar ein Payo eine Gitana. Eine kleine Rauferei. Gleich beschlossen die Behörden, daß kein Gitano mehr in eine Bar darf. Wenn ein Payo das macht, heißt's, das hat der So-und-so getan. Wenn's ein Gitano macht, heißt es, das waren *die* Gitanos. Und unsre Kinder in den Schulen: die Lehrer sind hart mit ihnen, und die Mitschüler verdächtigen unsre Kinder bei allem. Was Wunder, wenn unsre Kinder nicht mehr in die Schule wollen? Es fehlen Übergangsschulen zum Gewöhnen. Aber wer denkt an sowas? Wenn man uns einmal hilft, dann besteht die Hilfe darin, daß man unsre Kinder uns entfremdet. Wir haben den Payos dazu gedient, daß sie Filme machen über uns, und uns haben sie dabei das Fell über die Ohren gezogen. Ich geb dir Fakten: 80 % der Gitanofamilien haben Wohnräume, die kleiner sind als 50 Quadratmeter; 50 % haben keine sanitären Einrichtungen. 90 % verdienen im Monat weniger als 30 000 Pesetas (rund 700 Mark), und 60% verdienen weniger als 15 000 Pesetas. Da schau, wie wir leben.«

Das alles erfuhr der Papst nicht, als er Spanien besuchte. Was weiß er, was weiß die Kirche überhaupt von der Not dieser ihrer Stiefkinder?

Die Nachkriegspäpste zeigen sich *zigeuner*freundlich. Sie gehen sogar zu *Zigeuner*festivals, und es kommt vor, daß Roma zur Audienz zugelassen werden. Zu spät. In Auschwitz-Birkenau vergaß der Papst Johannes Paul, ihrer Toten zu gedenken.

Es gibt ein Dokument, das zeigt, in wie diskreter und unwirksamer Art sich der Vatikan in die NS-*Zigeuner*politik einmischte. Als der damalige deutsche Außenminister vom Nuntius angesprochen wurde auf die Art der Vernichtung der serbischen *Zigeuner*, die man in Spezialwaggons der Eisenbahn sperrte und sie dort, also in fahrenden Gaskammern, vergaste, sagte der Außenminister, der Vatikan tue gut daran, sich nicht einzumischen, und der Nuntius erklärte, er habe das Thema von sich aus nicht angesprochen und wünsche auch nicht es zu tun.

Und doch sind die *Zigeuner* praktizierende, ja sehr fromme Katholiken. Der Kern ihrer Frömmigkeit ist ihre Verehrung der Madonna. Ihre Wallfahrten gelten Orten, die der Madonna geweiht sind, wie Sainte Marie de la Mer in Südfrankreich und auch Lourdes. Der Zusammenhang ist klar: die Madonna verkörpert den weiblichen Aspekt der Schöpfung und der Gottheit, ihr Symbol ist der Mond. Dem Mond zugeordnet ist das

Okkulte und die Intuition. Die Roma haben starke intuitive Kräfte, die wir Gadje uns durch unsre einseitige Ausbildung des Intellekts zerstört haben. Uns ist alles Lunare verdächtig. Wir lehnen ab, was sich dem Zugriff unseres analytischen Verstandes entzieht. Daß heute das Interesse für die Roma aktuell wird, ist nicht nur eine Sache der Soziopolitik. Dies ist nur ein Vorwand des Schicksals: das Signal für eine neue geistige Orientierung der Menschheit, das Zeichen für das Ende des rationalistischen Zeitalters und der Beginn einer neuen Epoche, in der ganz andere Werte gelten: Gefühl, Intuition, Religion, Friede und alles sogenannte Okkulte, das dann nicht mehr okkult sein wird, sondern offenbar und in dem auch Denkart und Lebensweise der Roma zu ihrem anerkannten Recht kommen. Daß im Augenblick die Kirche und das Kirchenvolk weit entfernt sind vom Begreifen der Tatsache, daß die Roma urreligiös sind und sogar urchristlich und katholisch obendrein, das beweisen Fälle wie dieser: als ein Sinti-Musiker, der von 1945 bis 1948 am Konservatorium Leipzig studiert hatte, 1980 in der Kirche St. Jakob in Dachau eigene Kompositionen für Gitarre spielte und auf Einladung des Pfarrers predigte, beschwerten sich die Kirchenbesucher: »Jetzt dürfen *Zigeuner* schon in der Kirche reden!« Der Pfarrer, leider, stellte sich weiterhin nicht auf die Seite der Sinti. Ist das nicht jenes »gesunde Volksempfinden«, das Hitler zur höchsten Instanz beim Urteil über »rassisch Minderwertige« aufrief?

1000
2500
1000
Stutthof
Neuengamme
Ravensbrück
Bergen-Belsen
Sachsenhausen
500
500
Treblinka
Chelmno
Lodz
35 000
Buchenwald
Groß-Rosen
Majdanek
200
Theresienstadt
Belzec
Auschwitz
15 000
6500
Babi Jar
35 000
Natzweiler
Dachau
10 000
Montreuil
15 150
Mauthausen
Lackenbach
6800
28 000
36 000
Jasenovac
Zemun
1000
90 000
50

In all diesen Lagern litten Menschen: Juden, Kommunisten, Priester, Homosexuelle, Oppositionelle, Asoziale, Russen, Polen, Ukrainer, Holländer, Franzosen. Und *Zigeuner*.

Über die Leiden dieser Menschen ist viel geschrieben worden, und der Film *Holocaust* brachte sie ins Bewußtsein vieler Leute. Aber über die besonderen Leiden der *Zigeuner* wurde kaum geredet, und die Überlebenden schwiegen. Eine einzige Szene des Films zeigt, wie *Zigeuner* lebendig begraben werden.

Heute haben wir genügend Berichte, um uns ein Bild vom Schicksal der *Zigeuner* im Nationalsozialistischen Staat machen zu können.

Das Lager Auschwitz wurde 1940 gebaut, im Juni trafen die ersten Häftlinge ein, darunter bereits *Zigeuner*. Ihr Abzeichen war ein schwarzer Winkel am Ärmel. Vorher aber war schon eine große, genau geplante Aktion im Gange: Polen wurde das Zentrum der *Zigeuner*vernichtung. Dorthin wurden sie aus ganz Europa deportiert und ehe Auschwitz das Vernichtungslager für sie wurde, in Massenexekutionen »beseitigt«. Mit den Ermordungen wurden offiziell die SS, die polnische Polizei und die deutsche Feldgendarmerie beauftragt, inoffiziell war allen Wehrmachtsangehörigen erlaubt (nicht befohlen!), *Zigeuner* zu töten, seien es Einzelpersonen, seien es Gruppen. 1941 wurden *Zigeuner* ins Warschauer Ghetto und ins Gefängnis und von dort ins Vernichtungslager Treblinka gebracht, meist aber an Ort und Stelle erschossen.

Genaues, laut amtlichen deutschen Angaben, weiß man vom Ghetto Lodz. Dort kamen vom 5. bis 9. November 1941 insgesamt 5007 *Zigeuner* um, meist deutsche, also Sinti. Dort wurden allein im Dezember 1942 400 Personen begraben, angeblich alle Opfer von Flecktyphus. Dieser Epidemie wegen wurde das Lager bald aufgelöst, die überlebenden *Zigeuner* wurden in Lastwagen abtransportiert. Wohin? Entweder ins Lager Chelm oder nach Auschwitz-Birkenau. Daß die *Zigeuner* in Lodz keineswegs vorwiegend an Typhus starben, beweist eine Aussage des Totengräbers vom jüdischen Friedhof.

»... Man hat angefangen tote Zigeuner auf unseren Friedhof rauszufahren. Sie wurden 3- bis 4mal täglich gebracht. Mit einem Mal hat man 8 bis 10 Leichen, darunter Kinder und Greise gebracht. Meine Arbeit bestand darin, die Leichen aus dem Wagen zu holen und zu begraben. Ich habe bemerkt, daß alle mißhandelt worden waren, einige hatten am Hals Male, die darauf hinwiesen, daß sie aufgehängt worden waren. Ich bin der Sache nachgegangen und habe erfahren, daß die Kripo täglich in das Lager kam und den Zigeunern befahl, ihre eigenen Leute aufzuhängen. Sie wurden in der Schmiede aufgehängt in der Brzezinska-Straße 84/86, und es waren dabei die deutschen Kripo-Beamten, unter anderem: Schätter, Schmidt und Neumann anwesend. Eines Tages hat man mehrere Leichen gebracht. Beim Rausholen aus dem Wagen (sie waren nackt) habe ich gesehen, daß 3 von ihnen Juden waren. Ich habe es dem Leiter, Herrn Bialer, gemeldet, und es hat sich herausgestellt, daß es tatsächlich so gewesen war. Die Zigeuner wurden auf dem jüdischen Friedhof auf dem Feld ›P‹ IV oder ›P‹ V begraben. Sie wurden zuerst in ein Massengrab gelegt in Särgen, in die ein paar Personen hineingelegt wurden. Nachdem immer mehr Leichen gebracht wurden, waren nicht mehr genug Bretter da, um Särge zu machen. Viele der Opfer waren mißhandelt und zusammengeschlagen worden, sie hatten gebrochene Hände und Füße. Wahrscheinlich haben sie Widerstand geleistet, mit Sicherheit weiß ich es nicht, aber nachdem ich die Leichen gesehen habe, bin ich dieser Meinung.

Es war im Herbst, in welchem Jahre weiß ich nicht mehr genau (1941 – Anmerkung des Verfassers). Am Morgen, zwischen 9 und 10 Uhr ist ein Wagen gekommen und ich habe mit meinen Mitarbeitern den Kasten mit den Leichen herausgeholt. In dem Augenblick haben wir ein Wimmern vernommen. Ganz automatisch sind wir zurückgeschreckt, aber in dem nächsten Augenblick bin ich an den Kasten herangegangen und habe den Deckel aufgehoben. Ein kleines Zigeunerkind ist herausgefallen. Es lag in Zukkungen. Mit meinem Taschenmesser habe ich die Schnur, die es am Halse hatte, durchgeschnitten. Das Kind zuckte noch eine Weile und hat schließlich die Besinnung wiedererlangt. Wir konnten gar nicht verstehen, was es gesagt hat. Wir Arbeiter haben uns beraten, wie das Kind zu verstecken wäre, aber da kam der Friedhofskommissar Steinberg mit dem Gefängnisleiter Herzberg und haben befohlen, das Kind in das Getto und in das Krankenhaus zu bringen. Sie haben aber die Kripo verständigt und diese hat das Kind vom Krankenhaus abgeholt. Am nächsten Tag ist das Kind schon tot auf den Friedhof gebracht worden. Es wurde auf bestialische Art ermordet. Es war ein Mädchen von 3 bis 4 Jahren.«[1]

»Auf Grund der Angaben der Begräbnisabteilung, die, wie bereits im Bulletin vom 1. des Monats mitgeteilt, die Begräbnisse der Toten aus dem Zigeunerlager durchführt, wurden im Monat Dezember 400 Personen aus diesem Lager begraben (vor dem Tage der Ankunft an 213), demnach betrug die Sterblichkeit zweimal so viel wie unter den 250 000 Juden, die vor dem Kriege in Lodz gewohnt haben. Im Zusammenhang mit der Flecktyphus-Epidemie, die sich im Lager verbreitete, hat die Begräbnisabteilung besondere Vorsichtsmaßnahmen beschlossen. Die zuletzt verstorbenen Zigeuner werden auf den Friedhof nicht im Leichenwagen gebracht, sondern in einem besonders für diese Zwecke konstruierten Rollwagen, der von allen Seiten mit Brettern und von oben mit einer Zeltplane abgeschlossen war. Es werden auch für den Leichentransport besondere Kisten verwendet. Nach Angaben von Personen, die in unmittelbarer Nachbarschaft des Zigeunerlagers wohnen, werden die Zigeuner seit 10 Tagen mit Lastwagen abtransportiert. Es ist anzunehmen, daß bis Ende der Woche das Lager liquidiert sein wird. Es ist jetzt schon fast menschenleer ...«[2]

Über Leben und Sterben der Zigeuner im Lager Treblinka haben wir den Bericht eines früheren Häftlings vom 6. 9. 1944.

---

1 aus: *In Auschwitz vergast, bis heute verfolgt. Zur Situation der Roma (Zigeuner)* in Deutschland und Europa, hrsg. v. Tilman Zülch für die »Gesellschaft für bedrohte Völker«, Reinbek bei Hamburg 1979, S. 98.
2 ebenda, S. 99.

»Zigeuner wurden im Frühling 1942 in den engen Mauern der jüdischen Gettos eingesperrt. Für das Verlassen des Gettos oder das Nichttragen einer Armbinde mit dem Buchstaben ›Z‹ drohte die Todesstrafe. Bis Herbst 1942 gingen Transporte in die Todeslager Majdanek, Treblinka und andere, wo sie zusammen mit Juden entweder in Gaskammern vernichtet oder erschossen und die Leichen nachher verbrannt wurden. Nur einem geringen Teil der Zigeuner ist die Flucht aus den Mauern und dem Stacheldraht der abgeschlossenen jüdischen Wohnviertel gelungen. Die Deutschen haben die Zigeuner in das ›Arbeitslager‹ in Treblinka unter dem Vorwand gebracht, daß sie dort in einem Sonderlager, das in einem Wald angelegt wurde, leben würden. Sie sind nach Treblinka gekommen, um das Lager zu gründen. Am Rande des Waldes, der zum Grab und Vernichtungsplatz von hunderten und tausenden von Menschen geworden ist, hatten sie angehalten. Vertrauensvoll hat sich die Menge auf der Lichtung hingesetzt. Man hat ihnen erlaubt, Feuer zu machen, um warmes Essen vorzubereiten. Nach ein paar Stunden haben die SS-Leute die Männer von Frauen und Kindern abgesondert. Die mitgebrachten Bündel hat man zusammengelegt. Die Männer wurden tief in den Wald geführt... Vor ihnen gähnte ein Graben, in den Graben hat man Gruppen von 100 Personen gejagt, auf die aus Maschinengewehren geschossen wurde. Die am Leben gebliebenen Zigeuner wurden gezwungen, die erschossenen Zigeuner zu begraben, manchmal waren es nur verwundete, nachher wurden sie selbst in den Graben gestoßen und unter dem Geratter von Gewehren haben weitere 100 Personen ihr Leben verloren. Die Ermordeten wurden mit einer dünnen

Schicht Erde zugeschüttet ... Und auch hier, wie bei allen Massenerschießungen hat sich die obere Schicht des Grabes noch stundenlang bewegt. Das waren die Zeichen der noch Lebenden. Die versammelten Zigeunerinnen wußten anfänglich nicht, was mit den Männern geschehen ist, aber nachdem sie das Geratter der Maschinengewehre gehört haben, fingen sie an zu schreien und zu weinen. Die Hitleristen haben die Masken abgelegt. Sie haben nicht mehr vom Zigeunerlager gesprochen, sondern sind mit gutem Beispiel vorangegangen, um die Soldaten zu einem brutalen Massaker zu verleiten. In Anwesenheit der Mütter wurden die Säuglinge an den Füßen gepackt und durch Schläge an die Bäume ermordet. Mit Peitschen und Stöcken hat man die Frauen unbarmherzig geschlagen. Die Frauen kämpften mit den Soldaten, um ihnen die Säuglinge zu entreißen. Garben aus den Gewehren der SS-Leute und der Soldaten haben diesem Kampf ein Ende gemacht. Die Leichen der erschossenen Frauen und Kinder haben andere Häftlinge in ein vorher vorbereitetes Grab im Walde getragen.«[3]

Das größte Vernichtungslager war Auschwitz-Birkenau. Wir haben darüber den Bericht aus dem Tagebuch, das der Lagerleiter von Auschwitz, Rudolf Höß, geschrieben hat.

Es kam der RFSS-Besuch im Juli 1942. Ich zeigte ihm das Zigeunerlager eingehend. Er sah sich alles gründlich an, sah die vollgestopften Wohnbaracken, die ungenügenden hygienischen Verhältnisse, die vollbelegten Krankenba-

[3] ebenda, S. 102 f.

racken, sah die Seuchenkranken, sah die Kinderseuche Noma, die mich immer erschaudern ließ, sie erinnerte mich an die Leprakranken, an die Aussätzigen, die ich in Palästina einst sah, diese abgezehrten Kinderkörperchen mit den großen Löchern in der Backenhaut, durch die man durchsehen konnte, dieses langsame Verfaulen bei lebendigem Leibe. – Er hörte die Sterblichkeitsziffern, die, gesehen am Gesamtlager, noch relativ niedrig waren. Doch die Kindersterblichkeit war außerordentlich hoch. Ich glaube nicht, daß von den Neugeborenen viele die ersten Wochen überstanden haben. Er sah alles genau und wirklichkeitsgetreu – und gab uns den Befehl, sie zu vernichten, nachdem die Arbeitsfähigen wie bei den Juden ausgesucht waren. Ich machte ihn darauf aufmerksam, daß der Personenkreis doch nicht ganz dem entspräche, den er für Auschwitz vorgesehen habe. Er befahl hierauf, daß das RKPA schnellstens die Durchsiebung vorzunehmen hätte. Dies hat dann zwei Jahre gedauert. Die arbeitsfähigen Zigeuner wurden in andere Lager überstellt. Es blieben dann noch bis August 1944 ca. 4000 Zigeuner übrig, die in die Gaskammern gehen mußten. Bis zu diesem Zeitpunkt wußten diese nicht, was ihnen bevorstand. Erst als sie barackenweise nach dem Krematorium I wanderten, merkten sie es. Es war nicht leicht, sie in die Kammern hineinzubekommen. Ich selbst habe es nicht gesehen, doch Schwarzhuber sagte mir, daß keine Judenvernichtung bisher so schwierig gewesen sei, und ihm sei es besonders schwer geworden, weil er sie fast alle genau kannte und er in einem guten Verhältnis zu ihnen stand.[4]

[4] Rudolf Höß, *Kommandant in Auschwitz, Autobiographische Aufzeichnungen.* Hrsg. von Martin Broszat, München 1963, S. 109 f.

Nach welchen Gesichtspunkten sollte die Durchsiebung vorgenommen werden?

Unter den Deportierten befanden sich »reinrassige« *Zigeuner* und solche der verschiedensten »Mischungsgrade«. Sie sollten zunächst, ihrer rassischen Gruppenzugehörigkeit zufolge, verschieden behandelt werden.

Es befanden sich dort aber auch solche *Zigeuner*, die in der deutschen Wehrmacht gedient hatten, einige hochdekoriert, unter ihnen auch ein hoher Offizier. Sie wurden zunächst besser behandelt.

Die *Zigeuner* kamen zuerst nach Auschwitz ins Hauptlager, dann aber ins eigentliche *Zigeuner*-Vernichtungslager Auschwitz-Birkenau.

Eine selbst internierte jüdische Ärztin berichtet über die Zustände im Kinderkrankenblock.

Der Kinderkrankenblock im Zigeunerlager war eigentlich nicht viel anders als die Blocks der Erwachsenen. Aber die Not dieser jungen Würmer schnitt noch mehr ins Herz, vielleicht weil die Gesichter alles Kindliche eingebüßt hatten und mit greisenhaften Zügen aus hohlen Augen guckten. Die ausschweifende Phantasie eines Holbein und eines Rethel hat nicht ausgereicht, um so ausgemergelte Gerippe und totenähnliche Masken zu zeichnen, wie Leid und Hunger sie in Birkenau geschaffen haben. Die Kinder waren wie die Erwachsenen nur noch Haut und Knochen, ohne Muskeln und ohne Fett, und die dünne pergamentartige Haut scheuerte sich über den harten Kanten des Skeletts überall durch und entzündete sich in schwärenden Wunden. Krätze bedeckte den unterernährten Körper von oben bis unten und entzog ihm die letzte Kraft. Der Mund war von Noma-Geschwüren zerfressen, die sich in die Tiefe bohrten, die Kiefer aushöhlten und krebsartig die Wangen durchlöcherten. Und dennoch aßen diese Kinder und tranken und manche von ihnen erholten sich vorübergehend und schienen geheilt. Bei vielen schoppte der Hunger den sich zersetzenden Organismus mit Wasser voll. Sie schwollen zu unförmigen Klumpen an, die sich nicht rühren konnten. Durchfall, durch Wochen hindurch, löste ihren widerstandlosen Körper auf, bis bei dem steten Wegfließen von Substanz nichts mehr von ihm übrigblieb.

Viele von ihnen, die so lange des Essens entwöhnt waren, fragten nicht mehr nach Nahrung, aber alle verlangten zu trinken; auch die, deren Körper schon viel zu viel Flüssigkeit gespeichert hatte, bettelten immer und immer um Wasser. Durst, unstillbarer Durst, war eine der großen Plagen von Birkenau. Wasser war verboten, weil es verseucht war; die drei Kübel mit Kaffee oder Tee, einem hellverfärbten Getränk, waren wie ein Hohn auf die tausend vertrockneten Kehlen im Block. Hunger vernichtet; Durst, der nie gelöscht wird, benimmt die Sinne. Durch keine Drohung und keine Bitte waren die Kinder vom Trinken abzuhalten. Sie verkauften ihre letzte Brotration für einen Becher des gefährdenden Wassers, und wenn sie kaum mehr gehen konnten, krochen sie nachts von ihrem Lager und krabbelten heimlich auf allen vieren unter den Betten hindurch zu den Kübeln mit Aufwaschwasser und soffen es aus.

Vor Hunger und Durst, Kälte und Schmerzen kamen die Kinder auch nachts nicht zur Ruhe. Ihr Stöhnen schwoll orkanartig an und hallte im ganzen Block wider, bis sie erschöpft nachließen und nach kurzer Pause zu neuem Crescendo ansetzten. Nacht für Nacht flutete das Jammern der leidenden Kreatur auf und ab wie die Wogen eines Meeres, eine nicht endende Symphonie menschlicher Qual. Wenn die, die achtlos über menschliches Leid hinweggehen, nur drei Nächte im Kinderblock erlebt hätten, wo wir unsere Lagerstatt hatten, würde wohl vieles anders werden. Oder wenn sie einmal beim morgendlichen Waschen zugegen gewesen wären, wie die Kinder mitsamt ihren schmutzigen Decken vom Lager gezogen wurden, herunter von den fauligen Strohsäcken, in denen die Maden wimmelten, wie sie auf den kalten Steinen des »Ofens« oder auf dem lehmigen Boden lagen und mitsamt ihren Decken gewaschen wurden und wie alles wieder ins Bett gezerrt wurde, die nassen, kranken Kinder und die feuchten Decken.[5]

Als eine Abordnung vom Roten Kreuz nach Auschwitz-Birkenau kam, sah sie einen Kindergarten (*Kinderschule* stand auf dem Schild) mit spielenden Kindern, so wie sie in Theresienstadt eine Gruppe musizierender und eine Gruppe malender Häftlinge sah. »Alles in Ordnung«. Was nicht gesehen wurde, das war die Vernichtung der *Zigeuner*, die von Berlin aus planmäßig betrieben wurde.

Daß die unbeschreiblich miserablen hygienischen Zustände vom Roten Kreuz nicht gesehen wurden,

---

[5] Lucie Adelsberger, *Auschwitz. Ein Tatsachenbericht,* Berlin, 3. Aufl. 1960.

wundert nur diejenigen, die derlei Besuche in Lagern und Gefängnissen nie selbst erlebt haben. Als ich 1944 im Gefängnis Traunstein saß, kam eines Tages ein höherer Beamter, um zu kontrollieren, ob die Anklage einer Gefangenen stimme: eiskalte Zellen, schlechtes und unzureichendes Essen. Wir wurden ihm vorgeführt. Er sagte, es seien Klagen zu ihm gekommen, die unberechtigt seien; er warne uns vor ähnlichen Schritten. Er warf einige Blicke in Zellen. Dann ging er. Selbstverständlich konnte er seiner oberen Dienststelle berichten, daß kein Häftling geklagt habe, obwohl er ihnen Gelegenheit gegeben habe.

Wie sollten zutiefst verschreckte *Zigeuner* den Besuchern vom Roten Kreuz gegenüber Klagen erhoben haben? Und natürlich waren die dem Roten Kreuz vorgeführten Häftlinge neu angekommene und noch gesund und kräftig.

Daß täglich mindestens zwanzig Häftlinge an Krankheiten oder einfach an Hunger starben, erfuhr das Rote Kreuz nicht.

Es erfuhr auch nichts von den »medizinisch-anthropologischen« Versuchen, die der berüchtigte Lagerarzt Dr. Josef Mengele an den *Zigeunern* vornahm und zwar vorwiegend an *Zigeuner*kindern, welche Zwillinge waren. Er suchte den Beweis zu erbringen, daß Zwillinge, unter gleichen Bedingungen lebend, auch die gleichen Krankheiten bekommen. Zu diesem Zweck ließ er Zwillinge, die nicht auf natürliche Art erkrankten, mit Bakterien impfen, oder auch mit Phenol, vermutlich um die tödliche Dosis zu ermitteln. Die Versuchskinder wurden, ehe sie zum Sterben verurteilt wurden, besser ernährt als alle anderen.

Die Geschichte von Mengele, der übrigens in Südamerika versteckt lebte (zuletzt 1981 in Paraguay nach einem Bericht von Simon Wiesenthal), erinnert fatal an das Märchen von Hänsel und Gretel: die Waldhexe sperrt den Hänsel in den Käfig und füttert ihn, damit er einen fetten Braten für sie abgäbe.

Mengele erschlich sich das Zutrauen der ohnehin zutraulichen *Zigeuner*kinder, so daß sie ihm in allem gehorchten und sich untersuchen und impfen ließen, auch mit tödlichen Injektionen.

Sehr interessant für Mengele war auch die seltene Kinderkrankheit Noma oder Wasserkrebs mit den Symptomen Mundfäulnis, Löcher in den Wangen und schließlich Zersetzung des ganzen Körpers. Die Leichen der *Zigeuner*zwillinge wurden, ehe sie mit andern Leichen in den Krematorien verbrannt wurden, obduziert.

Die Sterblichkeit in Auschwitz nahm 1943 rapide zu. Flecktyphus, Tbc, Ruhr, Skorbut, Forunkulose und die genannte Noma. An Medikamenten gab es nur Kohle und Tanalbin.

In allen KZs, auch in Auschwitz, wurden *Zigeuner* sterilisiert, Männer wie Frauen, ja schon Kinder in der Pubertät. Man hielt das für eine humane und wirksame Art, die *Zigeuner* ein für alle Male auszurotten. In Auschwitz arbeitete neben Mengele der Arzt Clauberg, der über einhundert Mädchen sterilisierte. Der Arzt Schumann sterilisierte mit Röntgenstrahlen. Bei operativen Eingriffen wurde selbstverständlich mit größter Unachtsamkeit vorgegangen. Ein »natürlicher« Tod durch Infektion war den Ärzten nicht unwillkommen.

Wie viele *Zigeuner* insgesamt sterilisiert wurden, weiß man nicht. Aber man weiß mit Sicherheit, daß 24000 *Zigeuner* allein in Birkenau waren, von denen Anfang April 1944 noch 9000 lebten, die Mengele in einer Großaktion vergasen wollte. Viele, die aus dem Osten kamen, sind nicht in die Listen aufgenommen worden.

Ein Überlebender, Tadeuśz Joachimowski, ein *Zigeuner* aus Polen, berichtet, daß er durch einen SS-Mann Bonigut von dem Plan unterrichtet wurde, daß er ihn den übrigen *Zigeuner* bekanntgab und daß der Aufstand beschlossen wurde. Sie holten sich die Waffen aus dem Effektenlager und warteten auf die SS-Mannschaften, die sie ins Gas treiben sollten, und die sich plötzlich von einer sehr großen Schar von *Zigeunern* bedroht sahen. Diese höchst unerwartete Drohung erschreckte sie, und die Aktion unterblieb.

Ein paar Tage später wurde dieses Widerstandsnest ausgeräumt, die *Zigeuner* kamen in verschiedene Lager. Es blieben rund 3000 Leute, meist Alte, Kranke und Kinder, und diese wurden am 1. August 1944 alle vergast.

Wie ging dieses Vergasen?

Man führte die *Zigeuner* unter dem Vorwand, sie

müßten baden und desinfiziert werden, in einen Raum, dessen Dach Löcher hatte, durch welche das Blausäure-Präparat Cyclon B (ein Schädlingsbekämpfungsmittel der Firma Degesch, d. h. *Deutsche Gesellschaft für Schädlingsbekämpfung*) geschüttet wurde, das sich sofort in Gas verwandelte. Die Menschen erstickten. Nach einiger Zeit wurden die Leichen herausgezogen und in die Verbrennungsöfen geschoben. Das ging alles rasch vor sich, und es mußte rasch gehen, denn es ist ziemlich schwierig, jeweils einige hundert Leichen auf einmal zu verbrennen.

Gesicherte Zahlen und Daten der *Zigeuner*-Vergasung sind: Ende Februar und Anfang März 1943 17 000 polnische *Zigeuner*, 25. Mai 1943 1035, meist deutsche, aber auch polnische, ungarische, tschechische.

Herbst 1943: 68 *Zigeuner*.

1. August 1944: 3300.

Vom 2. Februar bis August 1944 wurden 12 399 *Zigeuner* verbrannt. 2394 *Zigeuner* wurden in andere Lager gebracht, aber erst nach ihrer Sterilisierung, davon 490 Frauen nach Ravensbrück, 883 männliche Häftlinge nach Buchenwald, andre nach Natzweiler (Elsaß), Mauthausen, Flossenbürg. (Nach Berichten des holländischen Roten Kreuzes waren es allein 1944 insgesamt 2500.)

Dies sind Zahlen einzig aus dem KZ Auschwitz-Birkenau. Insgesamt gesichert ist die Zahl 350 000, aber es wird heute allgemein angenommen, daß die Zahl 500 000 der Wahrheit wesentlich näher kommt. Viele

Zigeuner sind nämlich nicht registriert, sondern einfach in die fahrbaren Vergasungswagen geschoben und die Leichen irgendwo verscharrt worden. Aber ob 350 000 oder 500 000: die Zahl ist so oder so erschreckend, der Vernichtungswille des nationalsozialistischen Regimes ungeheuerlich, die Methoden der Vernichtung entsetzlich in ihrer eiskalten Mechanisierung.

Und wir haben nichts davon gewußt?

Möglich.

Aber heute wissen wir!

Ich war 1972 zum ersten Mal in Auschwitz und in Birkenau. Ich habe die Rampe gesehen, an der die Güterzüge mit den zu Vernichtenden ankamen. Ich bin auf der Lagerstraße in Birkenau gegangen, auf der so viele *Zigeuner* und Juden ihrem gewissen Tod entgegengingen. Ich habe die Baracken in Birkenau und Auschwitz gesehen, menschenleer jetzt, doch im Museum hängen die Fotografien aus der Zeit, in der hier Menschen hausten.

Ich sah die Haufen von abgeschnittenem Frauenhaar, den Rest dessen, was man »heim ins Reich« geschickt hatte: in eine Textilfabrik in Bayern (lassen wir den Namen weg), wo sie ins Steifleinen für Uniformkragen eingearbeitet wurden. Ich sah Haufen von glaslosen Nickelbrillen, ich sah verrostetes Eßgeschirr und Kindernachttöpfe, ich sah Haufen von Kinderschühchen und Kinderspielzeug. Als ich das sah, fiel ich, obwohl keineswegs schwach und sentimental und nicht unvorbereitet, in Ohnmacht.

Ich nahm ein Stück von einem Ziegelstein mit, der von einem Verbrennungsofen stammt. Höre ich heute vom Wiederaufleben faschistischer Ideen, von SS-Treffen, von rechtsextremistischen Schlägertrupps, so denke ich angesichts dieses Steins: »Wehret den Anfängen! Am Ende des faschistischen Wegs steht immer die Ausrottung einer Minderheit.«

Als ich 1980 als Journalistin mit dem Papst wiederum in Birkenau war, sah ich, daß die Lagerstraße dick mit Blumen bestreut war. Auf ihr ging der Papst mit dem Klerus bis zum Mahnmal. Ich weinte vor Zorn. Hier sollte jedermann, ob Deutscher oder Pole, barfuß und in Trauerkleidern gehen. Auch die Polen waren Mitschuldige, nicht nur Opfer.

Damals, 1980, waren am Mahnmal zwar schon Tafeln zur Erinnerung an die hier Vernichteten angebracht, aber noch keine Tafel für die ermordeten Zigeuner. 1973 wurde dort, gestiftet vom »Verband Deutscher Sinti«, gezeichnet von Vinzenz Rose und Oskar Bamberger, dieses Mal auf dem Gelände des ehemaligen »Zigeunerlagers« in Auschwitz-Birkenau angebracht.

[illegible] Stück von einem Zweiglein [illegible], ab-
[illegible]
[illegible] Wochenende [illegible] Ideen von [illegible]
[illegible] von [illegible] [illegible] -
[illegible] Wochen [illegible]
Am Ende [illegible] Vergessen [illegible]
[illegible]

[illegible]
[illegible]
[illegible]
[illegible]
[illegible]
[illegible]
[illegible]

Im Jahre 1980 [illegible]
[illegible] Bau [illegible]
[illegible]
[illegible]
[illegible]
[illegible] Grunde des ehemali-
gen [illegible]
[illegible]

Frage einer *Zigeuner*mutter, die vier Kinder in Auschwitz verlor.

Als Sondergedenken für die in Auschwitz umgekommenen Kinder sei hier, stellvertretend, vom Schicksal der Mulfinger *Zigeuner*kinder berichtet. Darüber gibt es Einzelberichte. Eine Zusammenfassung findet sich in einem Sonderdruck aus dem Württembergisch-Franken-Jahrbuch von 1984.

Durch den sogenannten Heimerlaß des Württembergischen Innenministeriums vom 7. November 1943 wurden Kinder, die als *Zigeuner*, *Zigeuner*mischlinge oder »zigeunerähnlich« bezeichnet wurden und die schon in Heimen untergebracht waren, in das Heim St. Joseph in Mulfingen gebracht. Obwohl der Nationalsozialismus allen kirchlichen Einrichtungen wie der gesamten christlichen (weil artfremd-jüdischen) Religion tiefes Mißtrauen entgegenbrachte, benützte er die caritativen Heime der katholischen Kirche zu eigenen Zwecken, so auch das Kinderheim St. Joseph. Die *Zigeuner*kinder, ohne Rücksicht auf »Mischungsgrade«, kamen in »Fürsorgeerziehung«. Ihre Eltern wurden, solange Auschwitz nicht bestand, nach Buchenwald und Ravensbrück gebracht, wo die meisten starben. Himmler befahl am 16. Dezember 1942 die

Deportierung von *Zigeuner*kindern in KZs. Sie sollten »mit ihrer Sippe vor der Festnahme vereinigt werden«.

Die Deportation sollte am 1. April 1943 abgeschlossen sein. Wieso wurden die Mulfinger *Zigeuner*kinder nicht deportiert?

Ende 1944 veröffentlichte Eva Justin, die Mitarbeiterin von Ritter, ihre Arbeit (eine Art Dissertation niedrigsten Niveaus) über ihre Untersuchungen an *Zigeuner*kindern, »die artfremd« erzogen wurden (d.h. außerhalb ihrer Sippe unter »Ariern«.)

Sie schrieb: »Möge die Arbeit in seinem *(nämlich Ritters)* Sinne auch ein kleiner Beitrag zur Asozialenfrage sein und dem Gesetzgeber eine weitere Unterlage für die kommende rassenhygienische Regelung bieten, die das weitere Einfließen minderwertigen, primitiven Erbguts in den deutschen Volkskörper unterbinden wird.«

Sie wußte also von der »kommenden rassenhygienischen Regelung«. Sie wußte, daß die Kinder, die sie untersuchte, Todgeweihte waren.

Sie lebte, nach ihrer eigenen Aussage, sechs Wochen in St. Joseph, »führte psychologische Untersuchungen durch und beobachtete sie vor allem in ihren Reaktionen auf die ihnen artfremde Erziehung«.

Sie war in St. Joseph offiziell angekündigt als »Beauftragte des Reichsgesundheitsministeriums«, und die Heimleitung war angewiesen, jede gewünschte Auskunft zu erteilen.

Die Untersuchungen sind skandalös dumm und völlig unwissenschaftlich.

Sie berichtet, daß im Lauf ihrer Gespräche mit einem *Zigeuner*jungen »die Maske des dressierten Heimkinds fiel, und der kleine *Zigeuner* gewann schnell seine naive Sicherheit zurück... Reigentänze liebten sie glühend... Eine weiße Blume hatte sich Maila ins Haar gesteckt, das sich langsam aus den straffen Zöpfen löste. Das 12jährige Schulmädchen war eine wild tanzende Bajadere geworden. ›*Zigeuner*blut‹ sagten die Erziehungsschwestern verlegen lächelnd...«

Eines der Testverfahren, die Frau Justin anwandte, war das »Leistungskartoffellesen«. Getestet wurde die Zahl der vollen Eimer und die Ausdauer und Gründlichkeit bei der Arbeit.

In der Tat ein äußerst wissenschaftliches Verfahren...

Aber Eva Justin zog ihre Schlußfolgerung: »Fast alle *Zigeuner* und *Zigeuner*mischlinge sind durch eine mehr oder weniger große Haltschwäche gefährdet und bedürfen der ständigen Leitung. Das deutsche Volk braucht aber zuverlässige und strebsame Menschen und nicht den Nachwuchs dieser unmündigen Primitiven... *Vom rassenhygienischen Standpunkt aus muß man eine Unfruchtbarmachung dieser Menschen fordern.«*

Im Jahre 1944 kam die Kriminalpolizei ins Heim, um für jedes Kind das »Formular zur Hafteinweisung von Zigeunermischlingen« auszufüllen und Fingerabdrükke zu machen. Diese Formblätter kamen an das

»Reichskriminalpolizeiamt – Reichszentrale zur Bekämpfung des Zigeunerwesens« Berlin C 2, Werderscher Markt 56.

Daß diese Aktion auch andernorts und grundsätzlich der Kriminalpolizei und nicht der Gestapo überlassen wurde, geschah, um Aufsehen zu vermeiden. (Auch ich wurde 1944 nicht von der Gestapo abgeholt, sondern von der Kriminalpolizei, damit in unserm Dorf kein politischer Verdacht geweckt wurde.)

Für Mulfingen hatte die Polizei die Weisung zu vermeiden, daß die »beabsichtigte Festnahme vorher der zigeunerischen Person bekannt gemacht wird«.

Daß die Kinder mehr wußten als sie wissen sollten, erzählt ihre Lehrerin und Betreuerin Johanna Nägele: als man ihnen sagte, sie kämen in ein Lager zu ihren Eltern, begann eines der älteren Mädchen zu weinen und rief: »Warum muß ich sterben, ich bin doch noch so jung.«

Zunächst wurde das Leben im Heim weitergeführt, als sei nichts zu fürchten.

Am 9. Mai 1944 aber wurden die Kinder deportiert. In Crailsheim wurden die Kinder von der Kriminalpolizei der Waffen-SS übergeben. Am 12. Mai traf der Transport in Auschwitz ein.

Die Lehrerin, deren Namen unvergessen sein soll, wagte es, im Schülerverzeichnis vom Abschluß 1943/44 zu schreiben: »Verzeichnis der Zigeunerkinder, die am 9. 5. 1944 nach Auschwitz eingewiesen wurden.«

Es waren 37 Kinder, die jüngsten waren sechs und sieben Jahre alt. Zwei der 37 Kinder haben Auschwitz überlebt.

Die Mutter von vier vergasten Kindern, Frau Franziska Kurz, schrieb 1946 an die Oberin von St. Joseph u. a.: nachdem ihre Kinder deportiert worden waren, teilte ihr die Polizei mündlich mit, ihre Kinder seien in Auschwitz zur Vernichtung, und wenn sie einen Versuch der Annäherung machen würde, so käme sie mit ihrem jüngsten Kind ebenfalls ins KZ.

Sie schreibt: »Ich frage mich oft, warum ließ unser Vater im Himmel dies alles zu.«

Diese Frage bleibt offen.

Fast ebenso offen ist die Frage der *Zigeuner* nach Wiedergutmachung. Vom Justizministerium Baden-Württemberg wurde am 15. 4. 1980 bestätigt, daß von 23 der 37 Kinder aus St. Joseph Akten vorliegen und daß von diesen 23 Kindern nur zwei Auschwitz überlebt haben, zwei andere haben außerhalb des KZs überlebt. Für zwölf Kinder wurde kein Entschädigungsantrag gestellt (vermutlich, weil die Familien ausgerottet sind).

Für die beiden in Auschwitz Überlebenden wurde Entschädigung bezahlt.

Für die andern erhielten die Eltern eine Hinterbliebenen-Rente. In 19 Fällen gab es keinerlei Wiedergutmachung.

»Warum läßt das der Vater im Himmel zu ...«

Warum lassen es die *Landesväter* zu? Warum lassen es

die Brüder und Schwestern der deutschen *Zigeuner* zu? Ein Beispiel für Entschädigung an einen Sinti, dessen Kind im KZ umkam.

Der Regierungspräsident
— Entschädigungsbehörde —
— I/EB 6/ 00211

(23) **Aurich**, den 2.. Apr. 1955
Georgstraße 46
Fernsprechanschluß 2005
Br./St.

G. P. Z. U.

In der Entschädigungssache

des/der Fuhrunternehmers Hermann D a m b r o w s k i ,

geboren am: 18. Mai 1909,

wohnhaft in: A u r i c h , Wallstraße 35,

Antragstellers/in,

vertreten durch: -----

ergeht auf Grund des Bundesergänzungsgesetzes zur Entschädigung für Opfer der nationalsozialistischen Verfolgung vom 18. 9. 1953 (BGBl. I S. 1387) folgender

~~Teil~~Bescheid:

1.) Die
Inge D a m b r o w s k i ,
geboren am 24.6.1939 in Goldap/Ostpr.,
für tot erklärt mit dem 31.3.1942,
zuletzt wohnhaft in Goldap/Ostpr.,
ist aus den Gründen des § 1 BEG verfolgt worden.

2.) Der Anspruch auf Entschädigung für Schaden an Freiheit ist auf den Antragsteller in Höhe von
150,-- DM
(in Worten: Hundertfünfzig Deutsche Mark)
im Wege der Erbfolge übergegangen.

3.) Dieser Anspruch ist sofort in voller Höhe zu befriedigen.

S a c h v e r h a l t :

Der Antragsteller ist der Vater seines zum 21. März 1942 für tot erklärten, zuletzt in Goldap/Ostpr. wohnhaft gewesenen Kindes Inge Dambrowski.

150 DM Entschädigung für ein durch die NS-Verfolgungen getötetes Kind. Mehr waren Sinti-Kinder nach dem Verständnis der Behörden der Bundesrepublik nicht wert. Dazu eine Zwangsabtreibung und Zwangssterilisierung, die unentschädigt blieben.

Im Oktober 1979 trafen sich 2000 Menschen, *Zigeuner* (Sinti und Roma) und Gadje aus fast allen Ländern Europas, im ehemaligen KZ Bergen-Belsen, um der im Dritten Reich ermordeten *Zigeuner* zu gedenken. An diesem Treffen nahmen diejenigen teil, die das KZ und seine Folgen überlebt haben. Es nahm auch teil Frau Simone Veil, die damalige Präsidentin des Europa-Parlaments in Straßburg, die, weil Jüdin, als Kind selber im KZ Bergen-Belsen war und nur durch die Ankunft der Alliierten vor der Vernichtung gerettet worden ist; ihre Mutter wurde dort getötet.

Die Veranstalter dieser ersten großen Gedenkfeier waren: die »Gesellschaft für bedrohte Völker«, die »Roma-Welt-Union« und der »Verband deutscher Sinti und Roma aus dem In- und Ausland«.

Auf dem Einladungsplakat stand: »*Zigeuner* – Roma – in Auschwitz vergast – bis heute verfolgt«.

Auf den Plakaten, welche die Teilnehmer, Roma und Gadje, trugen, standen Sätze wie folgende:

»Rom = Mensch. Alle Menschen haben gleiche Rechte«,

»Schluß mit Polizei-Razzien«,

»Ungehindertes Reisen für alle Roma«,

»Vernichtung der Akten der Landfahrer-Zentrale!«.

Aus der Rede des Präsidenten der »Romani-Union«, Dr. Jan Cibula, selbst *Zigeuner*:

»... Wenn man die KZs besichtigt, fällt auf, daß die *Zigeuner* als Opfer nicht entsprechend erwähnt oder geehrt werden... Es ist sehr zu bedauern, daß auch nach dem Krieg, bei den Nürnberger Prozessen 1946, als die Deutschen sich verpflichteten, die Rassen-Verfolgten zu entschädigen, die *Zigeuner* praktisch vergessen wurden... (Anmerkung der Verfasserin: bei den Nürnberger Prozessen wurde kein einziger verhört, obgleich mehrere zugegen waren.) Es ist unverständlich, daß die EG in Brüssel einen Fond für das Studium der *Zigeuner* ins Leben gerufen hat, der jedoch nur den Tziganologen (*Zigeuner*forschern), nicht dem leidenden Volk nützt... Wir wollen nun unsre Schicksale in die eigenen Hände nehmen: durch die Einheit der Roma, für die wir seit über 30 Jahren kämpfen. Der erste konkrete Impuls in dieser Sache war der 1. Londoner Weltkongreß 1971. Alsdann kam der 2. Weltkongreß in Genf 1978 mit großem interessiertem Echo, wo sich zum ersten Male viele Roma aus Ost und West trafen. Sie gründeten die Romani-Union..., die in Bern ihr Hauptquartier hat... Die Ziele unsrer Organisation sind in den Statuen fixiert. Die wichtigsten davon sind:

1. Die Rechte der Roma in der ganzen Welt zu schützen;
2. Das kulturelle Erbe und die Sprache zu erhalten;
3. Aktiv gegen jede Form von Diskriminierung und Verfolgung zu kämpfen.

Die Roma wollen sich nicht nach religiösen oder politischen Prinzipien organisieren und polarisieren. Sie sind Bürger des Staates, in dem sie wohnen. Trotzdem fühlen sie sich als eine Einheit.

Im März 1979 ereignete sich eine wichtige historische Begebenheit in der Geschichte des Volkes der Roma: die Roma wurden durch Abstimmung in der UNO in New York als Nation anerkannt. Die offizielle Organisation heißt Romani-Union mit konsultativem Status beim ökonomischen und sozialen Rat der UNO.

Unsere weltweiten Ziele:

1. daß wir eine moralische wie auch materielle Unterstützung durch öffentliche Organe und Staaten wie die UNO erhalten;
2. daß wir Roma selbst eine Einheit bilden müssen ... Wir müssen interne Rivalitäten ... abbauen. Nur so werden wir in der Öffentlichkeit respektiert.

... Bei dieser Gelegenheit möchte ich erwähnen, daß unsre Bittschrift um finanzielle Wiedergutmachung für Ungerechtigkeit während der nationalsozialistischen Zeit vom deutschen Bundestag 1979 abgewiesen wurde mit der Begründung, dies sei verjährt ... Die Gründe dafür (daß die Roma nicht rechtzeitig für ihre Rechte kämpften) waren:

– sie hatten keine Rechtshilfe
– sie hatten keine offizielle Organisation ...«

Soweit das Zitat. Hinzuzufügen ist als wesentlicher Grund dafür, daß die *Zigeuner* nicht wie die Juden sofort nach 1945 ihre Ansprüche geltend machten:

- sie hatten, entgegen der Juden, keine internationale Lobby, die für sie auftrat und Druck auf Deutschland ausübte;
- sie waren meist Analphabeten und konnten die entsprechenden Verlautbarungen nicht lesen, und vor allem hatten sie Angst, wieder mit deutschen Behörden und Ämtern zu tun zu haben;
- jene *Zigeuner*, die früher – als die Elite – zu Rechtsprechern innerhalb der Sinti und Roma gewählt worden waren, sind alle umgekommen.

Nach 1945 Ansprüche auf Wiedergutmachung geltend zu machen, hätte bedeutet, wiederum als *Zigeuner* registriert und vermutlich wieder diskriminiert zu werden. Die Erinnerung an die Registrierungen im NS-Staat war zu schrecklich frisch, als daß sie die Angst überwinden konnten. Ihre Angst war begründet: sie kamen zunächst in die Lager der »displaced persons«, jener Gruppen, die von Hitler als Arbeitskräfte aus den eroberten Ostgebieten ins Reich deportiert worden waren. Zusammen mit ihnen in solchen Lagern waren Polizisten, ehemalige SS-Leute und Ex-Nazis, die in der Masse der Flüchtlinge untertauchen wollten. Die *Zigeuner* hatten keine Papiere, denn die waren ihnen in der NS-Zeit abgenommen worden. Wie sollten sie ihre Identität nachweisen, da auch ihre Geburtsurkunden (sofern sie je welche hatten) und zudem auch ihre Geburtsorte selbst im Krieg vernichtet worden waren? Viele *Zigeuner*, deren Papiere nicht auffindbar waren, wurden kurzerhand ins Ausland abgeschoben. Wenn sie dort, was meist der Fall war, keine Einreisegenehmigung bekamen, wurden sie weiter abgeschoben oder kamen, da »illegal eingereist«, ins Gefängnis. So begann die weitere Phase ihres Leidenswegs.

Die Ämter nach 1945 führten ihre Arbeit treu im Sinne des Nationalsozialismus fort: *Zigeuner* sind allemal verdächtige Leute. Da muß man doch erst einmal die Unterlagen finden. Wozu gab es die *Zigeuner*-Kriminalzentrale? Diese Unterlagen gab es doch noch in München. Damals. Und da fand man denn, daß viele der Antragsteller »Kriminelle« und als solche vorbestraft waren. Nach damaligem Gesetz aber durfte keinem vorbestraften Ausländer ein Paß ausgestellt werden.

Welches waren die Verbrechen, die man laut dieser Papiere des *Zigeuner*-Kriminalamts den *Zigeunern* anlasten konnte? Keine Morde, keine Raubüberfälle, keine Vergewaltigungen, sondern Verkehrsdelikte (Fahren ohne Führerschein), Diebstähle (Hühner, Heu, Holz), Verlust von Dokumenten, Abschneiden von Weidenzweigen zum Korbflechten, was nach einem Naturschutzgesetz verboten war. *Zigeuner*, die einmal solcher Delikte wegen »erkennungsdienstlich behandelt« worden und im Gefängnis waren, beweisen damit, daß sie nicht würdig sind, deutsche Staatsbürger zu sein.

Frage: Und die vielen deutschen (Gadje-) Kriminellen? Die bekamen doch ohne weiteres Pässe? Sind deutsche Kriminelle auch in KZs gebracht worden? Nein. Warum die Sonderbehandlung der *Zigeuner*, wären sie wirklich aus Gründen der Kriminalität verhaftet worden?

Weitere Frage. Die deutschen KZ-Massenmörder, welche 500 000 *Zigeuner* umgebracht hatten: sie waren würdige deutsche Paßinhaber?

Bei einer Umfrage im Raum Köln ergab sich, daß zwischen 1950 und 1967 *Zigeunern* ihre deutsche Staatsangehörigkeit nachträglich aberkannt wurde. Jene, die 1950 die ersten Anträge auf Wiedererlangung der deutschen Staatsbürgerschaft stellten, sollten nachweisen, daß sie wirklich ehedem deutsche Staatsbürger waren. Sie hatten keine Papiere mehr, oder die sie hatten, wiesen große »verdächtige« Lücken auf. Diese Lücken konnten freilich ausgefüllt werden durch die Listen der KZs. Da viele *Zigeuner* untergetaucht waren, teilweise auch als Partisanen, war der Nachweis der Staatsbürgerschaft so schwierig und die Behandlung durch die deutschen Beamten so abweisend, daß die Betroffenen, verschüchtert, auf ihre Ansprüche verzichteten.

Die bundesdeutschen Gerichte taten alles, um die Roma zu entmutigen und weiter zu diskriminieren. Es gibt einen Erlaß des Württembergischen Innenministeriums vom 9. Mai 1950, in dem ausdrücklich gesagt wird, »daß die *Zigeuner* während der nationalsozialistischen Herrschaft nicht aus rassischen Gründen verfolgt worden sind, sondern aufgrund einer asozialen und kriminellen Vergangenheit«.

Eine Infamie, eine Zwecklüge, erfunden von Leuten, die meist im NS-Staat schon Juristen und Richter gewesen waren!

Schon von Anfang des NS-Staates an wurden *Zigeuner, Neger* und Juden zu den Nicht-Ariern gerechnet und die Ehen mit ihnen als Rassenschande bezeichnet (Nürnberger Gesetze, 1935). Da Ehen mit Asozialen und Kriminellen nie verboten worden waren, hatte das Verbot der Ehe mit *Zigeunern* durchaus rassischen Charakter.

Ganz offenkundig wurde der Grund der *Zigeuner*verfolgung 1938. Dieses Datum ist ungemein wichtig für die Roma, denn aus dem Gesetz gegen die »Zigeunerplage«, das 1938 erlassen wurde, geht hervor, daß es sich um ein Gesetz zur Erhaltung der (arischen) Rasse handelte.

Der Wortlaut:

Bekämpfung der Zigeunerplage
A. I. (1)
Die bisher bei der Bekämpfung der Zigeunerplage gesammelten Erfahrungen und die durch die rassenbiologischen Forschungen gewonnenen Erkenntnisse lassen es angezeigt erscheinen, die Regelung der Zigeunerfrage aus dem Wesen der Rasse heraus in Angriff zu nehmen . . . Es erweist sich deshalb als notwendig, bei der endgültigen Lösung der Zigeunerfrage die rassenreinen Zigeuner und die Mischlinge getrennt zu behandeln.

(2)
Zur Erreichung dieses Zieles ist zunächst erforderlich, die Rassenzugehörigkeit der einzelnen im Deutschen Reich lebenden Zigeuner und der nach Zigeunerart umherziehenden Personen festzustellen.
(3)
Ich ordne deshalb an, daß alle seßhaften und nicht seßhaften Zigeuner sowie alle nach Zigeunerart umherziehenden Personen beim Reichskriminalpolizeiamt – Reichszentrale zur Bekämpfung des Zigeunerwesens – zu erfassen sind.
(4)
Die Polizeibehörden haben demgemäß alle Personen, die nach ihrem Aussehen, ihren Sitten und Gebräuchen als Zigeuner oder Zigeuner-Mischlinge angesehen werden, sowie alle nach Zigeunerart umherziehenden Personen über die zuständige Kriminalpolizeistelle und Kriminalpolizeileitstelle an das Reichskriminalpolizeiamt – Reichszentrale zur Bekämpfung des Zigeunerwesens – zu melden.
(21)
Vor Erstattung der Meldung sind alle Zigeuner, Zigeuner-Mischlinge und nach Zigeunerart umherziehende Personen, die das 6. Lebensjahr vollendet haben, erkennungsdienstlich zu behandeln.
(3)
Bei der Personenaufstellung ist auch die Staatsangehörigkeit der erfaßten Personen zu überprüfen. Das Ergebnis ist in der dem Reichskriminalpolizeiamt vorzulegenden Karteikarte zu vermerken, und zwar dahingehend, ob die Reichsangehörigkeit oder eine fremde Staatsangehörigkeit nachgewiesen ist. Ist der Nachweis weder der Reichs-

angehörigkeit noch einer fremden Staatsangehörigkeit erbracht, sind die betreffenden Personen als staatenlos zu bezeichnen.

3 (1)

Die endgültige Feststellung, ob es sich um einen Zigeuner, Zigeuner-Mischling oder eine sonstige, nach Zigeunerart umherziehende Person handelt, trifft das Reichskriminalpolizeiamt aufgrund eines Sachverständigengutachtens.[1]

Welchen Sinn hätte die Feststellung der »Mischungsgrade«, wenn es sich nur um Asoziale und Kriminelle handelte? Weshalb die enge Zusammenarbeit mit den rassenbiologischen Instituten?

In den Ausführungsbestimmungen zu jenem Gesetz steht:

»Ziel der staatlichen Maßnahmen zur Wahrung der Einheit der deutschen Volksgemeinschaft muß einmal die rassische (!) Absonderung des Zigeunertums vom deutschen Volkstum sein, sodann die Verhinderung der Rassenmischung.«

Wie kann danach das württembergische Innenministerium 1950 behaupten, *Zigeuner* seien nicht aus rassischen Gründen verfolgt worden? Das ist kein Mangel an Information, sondern ein Akt neuer, bösartiger Rassendiskriminierung.

---

[1] Kenrick, Donald und Puxon, Grattan: »Sinti und Roma – die Vernichtung eines Volkes im NS-Staat«, übersetzt von Astrid Stegelmann. Reihe *pogrom 69/70*, hrsg. von der ›Gesellschaft für bedrohte Völker‹ (Göttingen und Wien 1981), S. 64.

Aus dem Jahr 1956 stammt ein richterlicher Ausspruch, zitiert in der Stuttgarter Zeitung vom 10. 1. 1956:

»Die nationalsozialistischen Führer haben zahllose Akte der Unmenschlichkeit begangen, die die Rechtsprinzipien mißachteten; aber diese Tatsachen berechtigen nach geltendem Recht niemanden, daraus Anspruch auf Entschädigung herzuleiten.«

Ein Erlaß von 1965 bestimmte, daß von rassischer Verfolgung der *Zigeuner* nur dann die Rede sein könne, wenn die *Zigeuner* ab 1943 deportiert wurden.

So hatten denn die Gerichte eine willkommene gesetzliche Handhabe, viele Entschädigungsgesuche abzuweisen.

Einige *Zigeuner* jedoch gaben sich damit nicht zufrieden. Sie verwiesen auf die »Bonner Konvention«, welche bestimmt, daß Personen, die wegen ihrer Nationalität verfolgt waren, das Recht auf Entschädigung haben.

Unter diese Bestimmung fielen alle Juden und auch alle jene Personen, die sich weder ethnisch noch religiös als Juden verstanden hatten, denen aber infolge des von Hitler verlangten »Arier-Nachweises« der Status des »Nicht-Ariers« gegeben wurde.

Waren Juden wegen ihres Status verfolgt, so gilt das auch für die *Zigeuner.*

Also: selbst wenn die rassische Begründung wegfiele, blieb immer noch diejenige der verfolgten nationalen Minderheit.

Es bliebe immer auch das Faktum der Zwangsdeportation einer Minderheit.

Bei den Wiedergutmachungsverfahren um 1960 behaupteten deutsche Richter, diese Deportationen von *Zigeunern* sei durchaus kein Akt rassischer Verfolgung gewesen (Entscheidungen des Oberlandesgerichts München vom 1. 3. und 20. 4. 1961).

»Die *Zigeuner* lebten in offenen Lagern, verlassenen Judenvierteln (!) oder auf dem Land bei Bauern, meist recht primitiv, aber doch frei. Sie wurden verschiedentlich auch zur Arbeit in Rüstungswerken herangezogen und zwangsverpflichtet. Daß sie solche Arbeit unter Aufsicht und unter einem gewissen Zwang verrichten mußten, lag in der Natur der Sache (!). Die Arbeit war aber aus diesem Grund allein noch keine Zwangsarbeit unter haftähnlichen Bedingungen, da die Arbeitsverpflichteten außerhalb ihrer Arbeitszeit in ihrer Freiheit nicht beschränkt waren ...«

Die Freiheit der *Zigeuner*: sie durften nicht ihre eigene Sprache sprechen, das Lager nicht verlassen, nicht in ihren Großfamilien leben, bekamen für ihre Arbeit keinen Lohn. Für Sachbeschädigung, auch unwillentliche, haftete die Familie.

Auf Fluchtversuch aus dieser Freiheit stand Arrest bis zu dreißig Tagen und Schwerstarbeit. Die Lager waren im polnischen Lety und im mährischen Hodonin, die damals zum »Generalgouvernement«, also zum »Reich« gehörten. 1940 hatte man nicht von Deportation gesprochen, sondern von einer Umsiedlung, die rein kriminal-präventiver Art sei. Auf diese Behauptung stützen sich die Richter von heute!

Das NS-Regime erklärte ein ganzes Volk zu einer kriminal-spezifischen Gruppe. Es waren auch Greise und Kinder dabei, ja auch Kleinkinder wurden als solche behandelt. Hielt man auch sie für kriminell oder doch pauschal für künftige Kriminelle? Wäre die Deportation nicht aus rassischen Gründen erfolgt, welchen Sinn hätte dann jenes Schriftstück gehabt, das die Deportierten unterschreiben mußten:

»Mir ist heute eröffnet worden, daß ich im Fall verbotener Rückkehr nach Deutschland unfruchtbar gemacht und in politische Vorbeugehaft (KZ) genommen werde.«

(Sterilisation hat aber als endgültiges Ziel die *rassische* Ausrottung!)

Um die Rückkehr unmöglich zu machen, wurden ihnen alle Ausweispapiere abgenommen, natürlich auch alles Geld und eventueller Schmuck. (Frage: wer trug und trägt denn all den Schmuck, der *Zigeunern* und Juden abgenommen wurde?)

Wenn es sich bei der Deportation nicht um eine rassische, sondern kriminal-präventive Aktion handelte, welches waren denn die vermuteten Delikte, denen da vorgebeugt werden sollte?

Nun: eben alle Delikte, die »zigeuner-spezifisch« seien wie Diebstahl, Sabotage, Spionage.

Es gibt deutsche Gerichte, die heute noch mit den Argumenten der NS-Zeit arbeiten und bei Wiedergutmachungsverfahren behaupten, Deportierte haben keinen Anspruch laut Grundsatzurteil des Bundesgerichtshofs von 1956.

BEG § 1:

a) Die im April 1940 durchgeführte Umsiedlung von Zigeunern aus der Grenzzone und den angrenzenden Gebieten nach dem Generalgouvernement ist keine nationalsozialistische Gewaltmaßnahme aus Gründen der Rasse im Sinne des § 1 BEG.
b) Ist eine von der Umsiedlung betroffene Person nach dem Auschwitz-Erlaß Himmlers in der Zeit nach dem 1. 3. 1943 weiter in Haft gehalten worden, so kann (!!) diese Festhaltung eine rassische Verfolgung sein.
BGH vom 7. 1. 1956 – IV ZR 211/55 (Koblenz)

Nach dieser Entscheidung wurde zum Beispiel der Antrag der Familie Balasz abgewiesen, die 1940 ins KZ Ravensbrück kam, wo ein Sohn an Tbc erkrankte und seine Mutter erschossen wurde.

Die Entschädigungskammer in Detmold erklärte, Balasz könne nicht nachweisen, daß er als *Zigeuner* verhaftet war. Er sei vielmehr glaubhaft von der Polizei des besetzten Polen in »Sicherheitshaft« genommen worden.

Ähnlich der Fall Mierzinski: ein Pole, der zur Zwangsarbeit ins Reich deportiert wurde und ins KZ kam. Man wies seinen Antrag ab. Er sei nicht aus rassischen Gründen verhaftet worden, sondern der Staatssicherheit wegen: sein Vater sei als (angebliches)

Mitglied der polnischen Untergrundbewegung verhaftet worden. Sippenhaft also, aber nicht aus rassischen Gründen. Diese und ähnliche Urteile hatten den Zweck der Abschreckung und zudem, wenn Berufung eingelegt wurde, die endlose Verzögerung. Tatsächlich starben viele *Zigeuner*, ehe ihr Entschädigungsverfahren durchgeführt war.

Als eine deutsche Sintiza, die 1940 nach Polen deportiert worden war, Klage erhob, bekam sie zunächst Recht in Nordrhein-Westfalen, bis die Entschädigungskammer Berufung beim Bundesgerichtshof einlegte, der das für die Frau günstige Urteil revidierte und das damit zum Grundsatz-Urteil wurde, nach dem sich die einzelnen Kammern zu richten hatten.

So wurden denn viele Anträge abgewiesen mit der Begründung, es habe sich bei der Einweisung ins KZ um militär- und sicherheitspolizeiliche Maßnahmen gehandelt.

Was versteht man darunter?

Unter dem juristisch eindrucksvollen Satz steckt ein uraltes Vorurteil gegen die *Zigeuner*: sie seien Spione oder jedenfalls der Spionage verdächtig.

Weshalb sollten gerade *Zigeuner* Spionage treiben?

Weil sie, sagt man, die Gabe besitzen, sich unauffällig überall herumzutreiben. (Als ob nicht gerade *Zigeuner* auffielen!) Ferner: sie seien an kein Vaterland gebunden und neigen darum zum Verrat.

Die deutschen *Zigeuner* waren so sehr an ihr deutsches Vaterland gebunden, daß sie dafür in den Ersten und in den Zweiten Weltkrieg gingen, sich ihrer Tapferkeit wegen Orden erwarben, also bereit waren, für dieses Vaterland zu sterben.

Richtig ist, daß Roma in Jugoslawien und Polen Partisanen waren und als solche politisch-militärische Nachrichten übermittelten. Waren Partisanen, die gegen das Hitler-Heer kämpften, Verräter und Spione? Dann waren alle angesehenen Deutschen, Franzosen, Polen, Italiener (der Staatspräsident Pertini) Verräter und Spione? Beim heutigen Stand des politischen Bewußtseins dürfte ein solches Urteil nicht mehr gefällt werden. Jedoch: es wird gefällt. Der wiedererwachte Faschismus, der, zum Beispiel, in Würzburg ein SS-Treffen organisiert, während die Polizei die dagegen demonstrierenden Nazi-Opfer, die Sinti, verhaften ließ, beweist, daß die alten Vorurteile weiterleben.

Das Jahr 1965 brachte, juristisch gesehen, eine Besserung; das BEG-Schlußgesetz bestimmte, daß alle *Zigeuner,* deren Entschädigungsansprüche für die zwischen 1938 und 1943 erlittenen Verfolgungen rechtskräftig abgewiesen worden waren, die Wiederaufnahme des Verfahrens beantragen können.

Das bedeutet, daß selbst die Gesetzgeber und Richter endlich zugeben mußten, daß in unserm Rechtsstaat zwanzig Jahre lang Unrecht verübt worden war.

Wir können nur hoffen, daß die betroffenen Überlebenden und deren rechtmäßige Erben die Entscheidung über ihre Entschädigung noch erleben.

Wer von den für solche Entscheidungen zuständigen

Beamten ist sich bewußt, daß man mit Geld (Renten) wohl einige Schäden decken kann, daß aber das begangene Unrecht nicht wiedergutmachbar ist und daß *Zigeuner* durch unsre Schuld wahrhaft unschuldig litten und starben?

Wären sich deutsche Beamte dessen bewußt, würden sie nicht formal-juristische Urteile fällen, statt menschliche.

Aber, sagt man, unsre deutschen *Zigeuner*, die Sinti, haben doch jeden Rechtsschutz.

Wirklich? Haben sie ihn?

Als der Onkel Romani Roses (Überlebender einer Familie von dreizehn im KZ Vergasten und Träger des Bundesverdienstkreuzes für seine Verdienste um Verständigung und Aussöhnung) 1979 eine ärztliche Untersuchung nötig hatte, wurde ihm ein Akteneintrag gezeigt, demzufolge »die Familie Rose durch Reichsgebiet zog und sich von Einbrüchen und Diebstählen ernährte«. Woher stammt diese Eintragung, und wieso wird sie 1979 benützt?

Frau Rosa Mettbach wurde nachgewiesenermaßen 1944 nach Auschwitz gebracht und überlebte. Als sie Antrag auf Entschädigung stellte (zu Recht nach dem Bundesgesetz), wurde vom Landesentschädigungsamt entschieden, sie habe kein Anrecht, da sie nicht aus rassischen Gründen verfolgt worden sei, sondern sie sei als »eine asozial, wenn nicht gar (!) kriminelle Zigeunerin zu betrachten«. Der Antrag wurde abgelehnt.

Aufschlußreich ist die Behandlung des Falles Laubacher. Auch hier wurde das bayerische Landeskriminalamt befragt. Wieso das? War Laubacher ein Krimineller? Keineswegs. Er war, als *Zigeuner*, ein ehrenhafter deutscher Soldat gewesen. Weshalb also die Einschaltung des Kriminalamts?

Die Antwort geht hervor aus dem Schreiben des Bayrischen Landeskriminalamts an das Landesentschädigungsamt München vom August 1964. Darin heißt es, die Ermittlungen haben ergeben, daß Laubacher 1940 bei der Panzereinheit Nürnberg stationiert war und daß er laut Auskunft der Kriminalpolizei Brünn am 5. 7. 1941 in Hesseritsch kontrolliert worden war, wobei ihm die Ausweispapiere abgenommen wurden.

»Nach einem in Abschrift vorliegenden Bericht der ehemaligen Kriminalpolizeistelle Nürnberg vom 24. 8. 1942 an das ehemalige Reichskriminalpolizeiamt in Berlin befand sich Laubacher zu diesem Zeitpunkt wegen Paßvergehens in Bregno, Slowakei, in Polizeihaft und seine Verschiebung aus Nürnberg zur Anordnung der polizeilichen Vorbeugungshaft als ›Asozialer‹ war veranlaßt. Über weitere Maßnahmen gegen Laubacher fehlen die Unterlagen.« Gezeichnet: Wallner, Kriminaloberinspektor.

Was geht aus dieser Akte hervor?

1. daß das Landesentschädigungsamt von vornherein annahm, bei Zigeunern habe es sich um Kriminelle gehandelt;
2. daß für dieses Landeskriminalamt noch die Geset-

ze des Nationalsozialismus gültig waren und daß es das Vorgehen gegen jenen Zigeuner für legal hielt;
3. daß es die NS-Akten weiter besaß und benutzte und zwar gegen die Zigeuner und ihre legalen Ansprüche auf Entschädigung;
4. daß aufgrund dieser Akten jeder Zigeuner, der selbst oder dessen Vorfahren und Familienangehörigen im Nationalsozialismus kurzerhand als »Kriminelle« eingestuft wurden, damit man sie verhaften konnte, als »vorbestraft« gelten kann, obgleich sein Vergehen nur darin bestand, daß er Zigeuner war.

Sämtliche Entschädigungsämter der BRD bedienen sich der Akten des Bayrischen Landeskriminalamts. Das ist die Fortführung der Landfahrer-Zentrale des NS-Staats.

Nach Schätzung der »Gesellschaft für bedrohte Völker« aufgrund von Befragungen der *Zigeuner* und aufgrund von Entscheidungen der Landesentschädigungsämter wurden etwa 90% aller Anträge von *Zigeunern* abgewiesen aufgrund ihrer Akten bei der Landfahrer-Zentrale.

Diese Landfahrer-Zentrale wurde offiziell 1970 aufgelöst.

Wo aber sind die Akten?

Sie seien längst vernichtet, teilte das Bayerische Innenministerium 1982 mit. Wenn aber Vinzenz Rose noch

1979 aufgrund einer Eintragung als Angehöriger einer Asozialen- und Kriminellenfamilie diffamiert werden konnte: ist da anzunehmen, daß jene Akten wirklich vernichtet seien?

Um diese Akten entbrannte 1983 ein Prozeß, der zu Recht ungemein viel Staub aufwirbelte, oder, anders gesagt, viel Schmutz zutage brachte. Die Prozeßgegner waren einerseits die Sinti, genau gesagt der »Zentralrat der Sinti und Roma«, andererseits der bayrische Innenminister Tandler. Von Tandler war zu vermuten, daß er den Verbleib der Akten kannte, denen zufolge die Sinti und Roma immer noch als potentielle Kriminelle gelten und zwar rassebedingt Kriminelle, wie im NS-Staat – vierzig Jahre nach dem Zusammenbruch eben dieses NS-Staates mitsamt seiner Rassen-Ideologie. Tandler behauptete, vom Verbleib dieser Akten gar nichts zu wissen. Er gab dazu eine eidesstattliche Erklärung ab. In einem Brief an den »Zentralrat der Sinti und Roma« schrieb er am 29. 4. 1981: »Solange das Wort, das ich gegeben habe, angezweifelt wird«, könne er sich nicht zu Gesprächen mit Sinti und Roma bereit erklären. Sein Wort wurde angezweifelt! Es stellte sich heraus, daß sein Ministerium wußte, wo die Akten waren. Daß ein Innenminister nichts wisse von dem, was in seinem Ministerium vor sich geht, ist des Nachdenkens wert.

Heute wissen wir recht genau, wo die Akten sind und welches Schicksal sie haben. Ein aufschlußreiches, trübes Kapitel der deutschen Nachkriegsgeschichte.

Im NS-Staat gab es ein Rassenhygiene-Institut in Berlin. Dort wurden die Gutachten über die Rassenzugehörigkeit von *Zigeunern* erstellt auf Grund von Forschungen (anthropologischen Messungen und psychologischen Tests), welche Leute wie die schon genannte Rassenbiologin Justin vornahm. Aufgrund dieser Daten wurden *Zigeuner* eingeteilt in reinrassige und Mischlinge, und diese wieder in Halb-, Viertel-, Achtel*zigeuner*... Die Parallele zur rassischen Verfolgung der Juden aufgrund ihrer Blutsmischung liegt auf der Hand. Und wozu die Arbeit des rassehygienischen Instituts?

Hier soll ein Fachmann aus dem Kölner Institut für Genetik sprechen. Seine Stellungnahme vom 22.3. 1984:

Stellungnahme zur Bedeutung der Akten der durch Dr. Robert Ritter geleiteten Dahlemer »Forschungsstelle«.

Die von Dr. Robert Ritter geleitete Forschungsstelle hat zwischen 1937 und 44 die Planung für den Genozid an den Deutschen Roma und Sinti (»Zigeuner«) durchgeführt. Die Tätigkeit der Forschungsstelle läßt sich heute am besten durch die Berichte an die Deutsche Forschungsgemeinschaft, die zwischen 37 und 44 diese Tätigkeit in namhafter Weise finanzierte, ersehen (Bundesarchiv Koblenz R73-14005). Es handelt sich um die Auslese der »wahren« Zigeuner aus der Masse der »falschen«. Dr. Ritter glaubte, durch Abstammungsstudien (»Genealo-

gien« = Stammbäume) und anthropologische Messungen den Nachweis erbracht zu haben, daß über 90 Prozent der »Zigeuner« keine Abkömmlinge der aus Indien eingewanderten »Zigeuner«, sondern Abkömmlinge des europäischen kriminellen Subproletariats seien. In seinem Bericht vom 20. Januar 1940 an die Deutsche Forschungsgemeinschaft schlug er vor, alle falschen »Zigeuner« zu sterilisieren und in Lager einzuweisen.
Es ist in diesem Zusammenhang abwegig, die im Bundesarchiv verwahrten, von mir eingesehenen Genealogien, anthropologischen Meßdaten und Schluß-Gutachten als »wissenschaftliches Material«, das nicht zu den eigentlichen Akten gehörte, zu bezeichnen. Es handelt sich um die Planungsunterlagen d. h. die Akten eines Genozids und nichts anderes.

Gezeichnet: Prof. B. Müller-Hill

Diese Berliner NS-Forschungsstelle also entschied über Leben und Tod der *Zigeuner*. Und wer waren die Leute, die dort den Genozid eines Volkes zu verantworten hatten?

Der Chef war ein Dr. Ritter, der vergeblich vor einigen Jahren leugnen mochte, er habe mit einem Genozid nichts zu tun: wir haben seine eigenhändige Unterschrift auf einem seiner Rassegutachten, in dem er vorschlägt, eine »sozial angepaßte Frau x (Zigeunermischling ersten Grades) nach erfolgter Unfruchtbarmachung als Nichtzigeunerin zu behandeln«. Dieses

Gutachten befindet sich im Bundesarchiv, in dem es auch eine Bemerkung gibt, derzufolge das »Zigeunersippenarchiv mit finanziellen Mitteln des Reichsausschusses für Volksgesundheit angelegt wurde«.

Dieses Archiv wurde über den Krieg gerettet, genau gesagt: die Mitarbeiterin des Dr. Ritter, Eva Justin, hatte die Akten 1945 beiseite geschafft und sie mit allen Rassegutachten, Genealogien, Fingerabdrücken und den Photokarteien der neugegründeten (aber im Prinzip schon lange bestehenden) Landfahrerzentrale beim Bayerischen Landeskriminalamt in München übergeben. Dieses Amt ist für das ganze Bundesgebiet zuständig.

Außer Ritter und Justin arbeitete auf dem Gebiet der Rassenbiologie eine Frau Ehrhardt. Sie arbeitete von 1938 bis 1942, also genau in jener Zeit, in der Himmlers Auschwitz-Erlaß intensiv vorbereitet wurde. Bedarf es eines Kommentars?

Um es gleich vorwegzunehmen: diese Frau bekam nach dem Krieg eine Professur an der Universität Tübingen, und niemand interessierte sich für ihre Vergangenheit, bis sie 1981 auf einem Kongreß in Göttingen sprechen sollte und der Leiter der »Gesellschaft für bedrohte Völker«, die in Göttingen arbeitet, aufmerksam wurde, die Identität dieser Frau feststellte und dabei herausfand, daß sie ihre Arbeit nach dem Krieg mit finanzieller Unterstützung der Deutschen Forschungsgemeinschaft weiterführte.

Diese Frau hatte einen Teil des NS-*Zigeuner*archivs

und übergab ihn 1970 bei ihrer Emeritierung dem anthropologischen Institut der Universität Mainz. Dorthin brachte auch der Arzt Arnold, ebenfalls rassenbiologisch orientierter Forscher, der Ritters Arbeiten nach dem Krieg rechtfertigte und auch fortsetzte, 1974 jene Akten, die er in den Jahren 1960 als Leiter des Gesundheitsamtes Landau/Pfalz nacheinander und wohl auf seine Anforderung hin von der Münchner Landfahrerzentrale bekommen hatte. Auch er konnte ungestört bis in die Gegenwart diese rassenhygienische Theorie vertreten.

Das alles wissen wir dank des Prozesses von 1984/85.

Bis 1979 galten diese Akten als *verschwunden*.

Das Bayerische Innenministerium wußte jedoch, wohin es diese Akten geschickt hatte! (Siehe Brief auf Seite 120.)

Warum wollte das Bayerische Innenministerium 1980 und in der Folgezeit nichts wissen vom Verbleib der Akten?

Weil es nicht wissen lassen wollte, daß diese Akten noch heute von der Landfahrerzentrale München benützt werden, wie der Fall Vinzenz Rose beweist.

1979 forderte die Gesellschaft für bedrohte Völker, die inzwischen den Spuren der »verschwundenen« Akten nachgegangen war, daß man sie vor Mißbrauch sicherstelle, und zwar im Bundesarchiv in Koblenz. Dort nahm sich niemand die Mühe, diese Akten einzusehen und zu katalogisieren. Oder aber es nahm sich jemand die Mühe... So konnte es geschehen, daß, als

I C 2 - 2538/1 - 3

BAYER. STAATSMINISTERIUM
DES INNERN

München 22, den 5. November 1960
Odeonsplatz 3
Telefon: 2 2 65 11

An das
Staatliche Gesundheitsamt Landau i.d.Pfalz
z.Hd.v.Herrn Medizinalrat Dr.med.H. Arnold

Landau

Betreff: Forschungsmaterial über Landfahrer
Zum Schreiben vom 10.10.1960

Das Bayerische Staatsministerium des Innern hat keine Bedenken dagegen, daß das beim Bayerischen Landeskriminalamt verwahrte wissenschaftliche Forschungsmaterial über Landfahrer des kriminalbiologischen Instituts im früheren Reichskriminalpolizeiamt dem Staatlichen Gesundheitsamt Landau zur Auswertung übergeben wird.

Es hat das Landeskriminalamt angewiesen, dieses Material, das im Jahre 1949 vom Stadtgesundheitsamt Frankfurt am Main übernommen worden war, an Sie zu übersenden.

I.A.
gez.Dr.Mayer
Ministerialdirigent

Beglaubigt:

(Huber)
Reg.Oberinspektor
Kanzleivorstand

sie 1980 in einer Nacht-und-Nebel-Aktion an das Archiv der Universität Tübingen gebracht wurden, viele der Akten (etwa 15 000) verschwanden, und zwar die Todesurteile und das Belastungsmaterial gegen die heute noch lebenden NS-Verbrecher. Wo sind diese Akten? Und warum kamen sie von Koblenz nach Tübingen? Damit jemand Gelegenheit bekam, die entscheidenden Akten zu beseitigen?

Das Fehlen der wichtigen Akten kam ans Tageslicht, als 1980 achtzehn Vertreter der Sinti und Roma das Tübinger Archiv besetzten und die Herausgabe der Akten und ihre Sicherstellung im Bundesarchiv Koblenz erzwangen.

Wo aber sind die »verschwundenen« Akten?

1980 erklärte Tandler und sein Ministerium, die Akten seien vernichtet worden, und man habe auch von einer Weitergabe an Dr. Arnold nichts gewußt. Dazu das Schreiben des Arnold von 1980, ein Musterbeispiel bewußter Verschleierung und ebenso bewußter Diffamierung der Sinti.

Wie glatt doch die Zusammenarbeit ehemaliger NS-Verbrecher mit heutigen Behörden funktioniert, und wie es doch gelingt, Gruppen oder einzelne Leute zu diskriminieren, indem man sie unfundiert als Kommunisten bezeichnet! Hitlers Erbe lebt.

Meine Frage, welche die Frage aller Bundesbürger sein müßte: Wieso kann ein Mann wie dieser Arnold so vertraulich mit dem Bayerischen Innenministerium verkehren? Wer ist er eigentlich? Nach 1945? Wieder Forscher auf demselben Gebiet. Gibt es dieses Fach Rassenbiologie rechtens noch oder wieder? Zu welchem Zweck? Und wieso ist Arnold Fachmann für *Zigeunerforschung* heute? Wieso liest niemand seine

Prof. Dr. med. H. Arnold 6740 Landau/Pfalz 2.4.80

An das Bayerische Staatsministerium des Innern

München

Bez.: Ihr Schreiben I C 2 - 2105 - 35/26 v.28.3.80

Betr.: Landfahrerzentrale im LKA; hier: Verbleib von Akten

Die gegen das Bayerische Landeskriminalamt gerichteten Vorwürfe sind m.E. unbegründet. Akten des LKA sind mir nicht zugänglich gemacht worden.

Eine frühere Mitarbeiterin der Zigeunerstelle beim Reichsgesundheitsamt (RITTER'sches Institut) hatte antropologisches Material, vornehmlich Genealogien, dem LKA zur Aufbewahrung übergeben. Als 1960 die Landfahrerzentrale des LKA aufgelöst wurde, übernahm ich diesen Bestand. Mit Genehmigung des Innenministeriums wurden sie im Gesundheitsamt Landau/Pf. verwahrt. Bei meinem Ausscheiden aus dem Dienst wurde er in das Anthropologische Institut der Universität Mainz überführt, wo er sich noch befindet.

Die Genealogien haben mehrfach geholfen, Rechtsansprüche von Zigeunern in Wiedergutmachungs- und Staatsangehörigkeitsangelegenheiten zu sichern. Von sonstiger Verwendung ist mir nichts bekannt.

Sollte es sich bei der von Ihnen erwähnten Interessenvertretung um den "Verband der Cinti Deutschlands" handeln, wäre eine Rückfrage beim Verfassungsschutz angebracht. Diese Organisation ist m.E. kommunistisch unterwandert. Auch im Hinblick auf die zu Ostern geplante Demonstration in Dachau dürfte Ihnen die Information dienlich sein.

Mit freundlichem Gruß

gezeichnet: Dr. Arnold

Bücher, nach 1945 geschrieben? Wieso duldet man, daß er von Sinti und Roma als »Asozialen und Bastarden« redet, vielmehr schreibt? Wieso schlägt er unbestraft vor, die »entfesselte Fruchtbarkeit« der *Zigeuner* zu beschränken, auf deutsch: sie zu sterilisieren, wie im NS-Staat? Wieviele ehemalige hohe und mittlere NS-Beamte decken einen solchen Mann? Warum schreitet weder eine der Parteien ein, die sich christlich nennen, und wieso duldet eine Partei, die sich sozialistisch nennt, solche Leute?

Derlei und andres, Ähnliches, bedenkend, geht es mir wie Heinrich Heine, der schrieb:

> Denk ich an Deutschland in der Nacht,
> Bin ich um meinen Schlaf gebracht.

[illegible] NS-Be- [illegible] Wenn [illegible]

[illegible]

[illegible] wie Heinrich [illegible] der Schrift.

[illegible]

Dokumente der Zigeuner-Diskriminierung aus unsrer Zeit

»Wir Sinti, die geringsten Kinder des deutschen Wirtschaftswunders ...«

Beispiel einer deutschen Kleinstadt. Ein Fall für viele.

»In Hersfeld wohnen zur Zeit (1978) rund 200 Zigeuner. Diese große Zahl von Zigeunern stellt für unsere Stadt ein echtes Problem dar.«

Die Stadt hat 30 000 Einwohner, die *Zigeuner* machen also weniger als 1 Prozent aus. Wo liegt das Problem?

1945 kamen *Zigeuner*, meist aus Bergen-Belsen, die das KZ überlebt hatten, nach Hersfeld. Am 4. 10. 1958 las man in der Hersfelder Zeitung die Worte des Bürgermeisters, die Stadt sei »1945 gezwungen worden, die Zigeuner als ›Verfolgte des NS-Regimes‹ aufzunehmen«. (Die Anführungszeichen im Original).

Die *Zigeuner* waren den Hersfeldern ein Dorn im Auge. Man mußte Gründe finden, ihnen die Stadt zu verekeln.

Die Anklagen häuften sich: *Zigeuner*kinder haben Kartoffeln gestohlen auf dem Acker, sie haben Hühner und Kaninchen gestohlen.

Die Beweise blieben aus, so daß der Bürgermeister die Hersfelder aufforderte: »Sie müssen selbst bei frischer Tat jemanden fangen, dann können wir schon einschreiten.« Man »fing« niemand, aber man wußte »mit Sicherheit«, daß der Herd der Kriminalität (!) die *Zigeuner*siedlung am Kistnergrund ist. Deshalb wird 1958 und erneut 1964 gefordert: Umzäunung des Lagers (!) mit Stacheldraht (wie im KZ), stets brennendes elektrisches Licht (wie im KZ), Registrierung aller im Lager lebenden (wie im NS-Staat) und Einstellung der Unterstützung für *Zigeuner* (Hersfelder Zeitung, 26. 3. 64).

Die Wohnungen in diesem Lager sind indiskutabel: zu eng, zu feucht, die Wände schimmeln, das Kleinkind einer Familie Wagner bekommt Bronchitis. Im Winter friert das Wasser in den Leitungsrohren und im Klo. Vor den Wohnungen gibt es Ratten. Das Gesundheitsamt legt Rattengift aus. Dort spielen die Kinder ...

Der Stadtrat findet den Zustand derart, daß er erwägt, ums Lager einen »Sichtschutz« (eine Böschung) zu errichten. Niemand soll die Schande der Festspielstadt Hersfeld sehen.

Der »Bürgerblock« CDU, FDP, FWG sucht nach Plätzen für die *Zigeuner*.

Die Vorschläge. Der erste: das Gebiet südlich der Kläranlage. (Nach den strengen Tabus der *Zigeuner* ist das Wohnen in der Nähe der Kläranlage verboten.)

Der zweite: ein Überschwemmungsgebiet zwischen Autobahn, Bundesstraße und Gewerbegebiet.

So schlecht der Platz an sich schon ist, protestieren die Anlieger gegen die »Belästigung durch die *Zigeu-*

ner«. Hier wieder der Vorschlag, einen »Sichtschutz« zu errichten. Frage: sollten die dort neu zu bauenden Häuser für *Zigeuner* derart schlecht sein, daß niemand sie sehen darf?

Der dritte: eine Kiesgrube fernab von jeder Siedlung.

Die Hersfelder *Zigeuner* bemühen sich, ordentliche Wohnungen in der Stadt zu bekommen. Da sie arbeiten, können sie die Miete bezahlen. Aber als *Zigeuner* bekommen sie keine Wohnung. Der »Fall Brombergerstraße« ist bekannt und gleicht dem Fall Darmstadt: in Abwesenheit der *Zigeuner* wurde eingebrochen, die Möbel zertrümmert, Gegenstände auf die Straße geworfen.

Nie kam heraus, wer eigentlich die Täter waren. Natürlich hatte niemand unter den Hersfelder Bürgern ein Interesse daran, sie zu finden.

Einer Nicht-*Zigeunerin*, mit einem *Zigeuner* verheiratet, die keine Wohnung bekam, riet man: Lassen Sie sich scheiden, dann kriegen Sie eine Wohnung. (Wie bei Mischehen von »Ariern« und Juden unter Hitler.)

Weder Darmstadt noch Hersfeld noch Aurich sind bedauerliche Einzelfälle. Sie sind bis jetzt die Regel. Sie sind die zeitgemäße Form der Vernichtung der *Zigeuner*.

Im März 1982 forderte die Kriminalpolizei Ludwigshafen »Sondermaßnahmen gegen Landfahrersippen (!) und Aufhebung datenschutzrechtlicher Bedenken gegen Sinti und Roma«.

Und unsere Verfassung? Garantiert sie nicht die

Gleichberechtigung aller Staatsbürger? Sollte sie nicht auch die Gleichberechtigung aller jener garantieren, die deutsche Staatsbürger sein wollen und auch tatsächlich sind?

Alle NS-Akten, die Zigeuner betreffend, sind in der Kartei der Landfahrerzentrale eingegangen und werden weiter verwendet. Darum ging es beim Dachauer Hungerstreik: die Sinti wollten die Vernichtung dieser Kartei erzwingen.

Als sie in einer Pressekonferenz im Februar 1980 ihren Plan, den Hungerstreik auf dem Gelände des KZ Dachau durchzuführen, bekannt gaben, stießen sie auf heftigen Widerstand. Er kam von seiten der Bayerischen Schlösser- und Seen-Verwaltung, die in Dachau »das Hausrecht ausübt«.

Das hieß: die Sinti dürfen im Lager keinen Hungerstreik machen.

Warum nicht?

Der Vizepräsident der genannten Verwaltung erklärte, er halte es für bedenklich, seine diesbezüglichen Überlegungen preiszugeben, weil man ja schließlich »nicht dem potentiellen Gegner seine Absichten bekanntgeben kann«. (Zitiert nach einem Artikel in der Süddeutschen Zeitung vom 29./30. März 1980.)

Wer ist der potentielle Gegner? Und welches sind die Absichten, die man ihm nicht preisgeben kann?

Welche Gefahr bilden zwanzig Sinti, die im Lager Dachau einen Hungerstreik machen wollen?

Besteht die Gefahr darin, daß die Öffentlichkeit zu deutlich auf die Mißstände gegenüber den Sinti und Roma aufmerksam wird?

Auch das erzbischöfliche Ordinariat mischte sich ein: wenn auf dem KZ-Platz ein ökumenischer Gottesdienst abgehalten wird, so könne das durchaus als politische Demonstration verstanden werden.

Die Sinti hatten natürlich die Erlaubnis zu der Feier geholt, es war auf jeden Fall eine polizeilich genehmigte Demonstration. Warum aber sollte es keine politische Demonstration sein? Ist das Geschehen, dessen in Dachau gedacht werden sollte, kein politisches gewesen? Ist das, was den *Zigeunern* im NS-Staat angetan wurde, nicht politisch gewesen? Und ist die Fortführung der Diskriminierung (Landfahrerzentrale, Verschleppung der Wiedergutmachung) keine politische Sache?

Der bayerische Innenminister ließ durch seinen Pressesprecher sagen: »Das ehemalige KZ Dachau ist eine Gedenkstätte und soll dies auch bleiben. Es ist kein Forum für Demonstrationen zu aktuellen Problemen. An diesem Grundsatz wollen wir festhalten!«

Wie denn: das KZ Dachau soll nichts sein als ein Museum oder ein Ort für Touristenbesuche, allenfalls für sentimentales Gedenken? Das nenne ich Zweckentfremdung und Verdrängung.

Und wie denn: sind nicht die aktuellen Probleme, für die demonstriert werden sollte, hier an Ort und Stelle entstanden? Waren in Dachau nicht die ersten *Zigeuner* eingeliefert? Wen geht das KZ Dachau an: unbeteiligte Beamte oder die betroffenen Opfer?

Das Innenministerium verbot den angekündigten Hungerstreik, verbunden mit der Erklärung, es gebe keinen Grund zum Hungerstreik, da ja in Bayern wie im ganzen Bundesgebiet die Entschädigung von Verfolgten des NS-Regimes ohne Unterschied von Rasse und Religion vorgenommen worden sei. Als sei es den Sinti um finanzielle Wiedergutmachung gegangen! Es war ihnen vielmehr darum zu tun, die Öffentlichkeit auf das fortbestehende Unrecht aufmerksam zu machen. Es gab auch viele Sinti, die auf eine finanzielle Wiedergutmachung der Ermordung naher Angehöriger (Eltern, Kinder, Geschwister) verzichtet haben.

Frage: Ist der Herr Innenminister so schlecht unterrichtet über die Behandlung der Gesuche von *Zigeunern* um Wiedergutmachung? Welches Interesse hat der Herr Innenminister am Unterbleiben des Hungerstreiks? Soll die Öffentlichkeit nicht erfahren, daß der bayerische Staatssäckel für *Zigeuner* nur bisweilen geöffnet wird und nur auf Druck? Aber war nicht gerade das Verbot des Hungerstreiks aufschlußreich und das bayerische Verhalten kennzeichnend?

Also doch besser kein Verbot. Man machte gute Miene zum Spiel.

Die evangelische Kirche bot den Sinti und Roma ihre Kapelle auf dem KZ-Gelände als Obdach an. Hier fand ein ökumenischer Gottesdienst statt, und hier wurde der Hungerstreik durchgehalten. Am fünften Tag kam der Staatssekretär Franz Neubauer vom Innenministerium, um zu verhandeln.

Was eigentlich sollte da verhandelt werden?

Romani Rose hatte dem Innenministerium vorgeworfen, es habe, indem es die diskriminierende *Zigeuner*leitstelle unter dem Tarnnamen »Landfahrerzentrale« trotz des Verbots der Alliierten weiterbenutzt und damit die verbrecherische Politik des NS-Staates weitergeführt, aufgrund der Auskünfte dieser Zentrale verfassungs- und grundgesetzwidrige Beschlüsse gefaßt.

Das Innenministerium lenkte ein, jedoch nicht so weit, daß es das bisherige Fortbestehen der Landfahrerzentrale zugab und die endgültige Vernichtung der Akten versprach. Aber es verstand sich wenigstens dazu, eine Art Versöhnung anzubieten: Mit Gesetzen und deren Aufhebung sei nicht geholfen; was helfe, sei die Erziehung zur Toleranz, und die wollte sich auch das Bundesinnen- und Kultus-Ministerium angelegen sein lassen. Aber die Toleranz müsse beiderseitig sein.

Die Toleranz von seiten der BRD: wie sieht sie aus? Was ist mit der Frankfurter »Kripo-*Zigeuner*zentrale« zum Beispiel? Existiert sie oder nicht?

Sie existiert. Ohne jeden Zweifel. Die Frankfurter Kriminalpolizei gab es selbst zu.

An der Volkshochschule Friedberg fand 1983 ein Kurs statt. Das Ziel: bessere Aufklärung der deutschen Bevölkerung über das Leben der *Zigeuner*, Abbau von Vorurteilen gegen Sinti und Roma. Eifrigste Teilnehmer waren drei Männer, von denen (wie sich herausstellte) zwei Angehörige der Frankfurter Kriminalpolizei waren, der dritte war ein Angehöriger des Bundeskriminalamtes. Sie versuchten den Kurs umzufunktionieren und die Kriminalität der *Zigeuner* zu beweisen. Als Beweis legten sie »dienstliches Material« vor, auch Polizeiakten (hier setze ich ein Fragezeichen), sie legten auch »zigeunertypisches Einbruchswerkzeug« vor und Fotos nackter *Zigeuner*mädchen, die sich ihnen so angeboten hätten. Die Fotos werden, nach ihrer Angabe, bei der Frankfurter Polizei als Schulungsmaterial verwendet. (Meine Frage: Schulung wofür? Um *Zigeuner* als *Zigeuner* zu erkennen? Nach welchen Merkmalen? Denen, die die Rassenbiologen Hitlers, Ritter und Justin, festgelegt haben?)

Was war mit diesen Fotos? Es stellt sich heraus, daß sie gemacht wurden, als *Zigeuner*mädchen »erkennungsdienstlich« der Frankfurter Polizei vorgeführt worden waren, wobei sie sich nackt ausziehen mußten.

Nun: der Fall Frankfurt wurde aufgeklärt, die Beamten auf irgendeine Art bestraft, aber ausdrücklich nicht entlassen.

(Hätten *Zigeuner* derlei getan!!!)

Seither wissen wir, daß Frankfurt ein *Zigeuner*fachkommissariat hat, so wie es auch andre Städte schon wieder haben.

Aber das geht angeblich alles nicht gegen *Zigeuner* als *Zigeuner*, d. h. das ist keine rassische Verfolgung. Was aber?

Reine Verbrechensbekämpfung?

Hat nicht der Sprecher der Frankfurter Polizei vor Journalisten gesagt, daß einzelne Kriminalbeamte in besonderer Art geschult werden aufgrund des »phänomenalen Anwachsens der Einbrüche durch eine bestimmte Personengruppe«?

Die »bestimmte Personengruppe«, sind das die *Zigeuner*?

Die Kriminalkommissare Thiele und Böttcher formulieren das so: die ethnische Minderheit der Sinti und Roma zeigen durch ihre kulturelle Eigenart »generell gezieltes, konspiratives Verhalten einer kriminellen Vereinigung«. Mit anderen Worten: *Zigeuner* sind potentielle Terroristen und können also »legalerweise« in Präventivhaft genommen werden[1].

Welche Formen und Ausmaße die deutsche Terroristen-Hysterie annehmen kann, zeigte das Jahr 1977, in dem rund zwei Dutzend von Leuten des öffentlichen Lebens des »Sympathisantentums« in der Presse angeprangert wurden.

Jede Hysterie sucht nach einer Legitimierung. Die heutigen Sündenböcke sind die *Zigeuner*.

Schließlich sah sich das Hessische Innenministerium gezwungen, dafür zu sorgen, daß künftig derartige Ausschreitungen unterblieben und daß die Öffentlichkeit über Roma und Sinti besser informiert werde.

---

[1] FAZ, 4. 12. 1980: »Was einige Polizisten ganz allgemein von Zigeunern denken.«

Das aber hindert die Kriminalpolizei nicht, weiterhin gegen sie vorzugehen.

1980 überfiel ein Aufgebot von 120 schwer bewaffneten Polizisten eine Sinti-Familie in Gelsenkirchen. Grund: Man hatte eine gefälschte TÜV-Plakette bei einem Sinti gefunden. Der Überfall mit Razzia geschah nachts. Auch im NS-Staat wurden Razzien und Abholungen ins KZ nachts durchgeführt. Die Bewohner wurden mißhandelt, die Wohnung so hinterlassen, »als hätten Vandalen darin gehaust«.

1980 wurden im Anschluß an einen Einbruch bei einer Kieler Tankstelle zwei Schnapsflaschen gestohlen. Zwei Tage später erfolgte ein bewaffneter Großeinsatz in der Wohnung des mutmaßlichen Täters, eines jugendlichen Sinto. Dabei wurden auch die Personalien der vierzehnjährigen Tochter der Familie aufgenommen. Ein Polizeibeamter sagte aus, daß alle *Zigeuner*, nicht nur straffällige, bei der Kieler Polizei registriert seien, und das sei nötig, denn der Kommissariatsleiter habe erklärt, man wisse, wozu *Zigeuner* fähig seien. Er verwies auf die Vorkommnisse andernorts. Mit »andernorts« ist Frankfurt gemeint.

Und der Fall Arolsen beweist, daß die Diffamierung und Diskrimination der Sinti und Roma weitergeht.

Brief der Stadt Arolsen an die Teilnehmer des »Landfahrertreffens« zum Arolser Viehmarkt vom 22. 2. 1979: »All das zwingt uns, jedes Landfahrertreffen in Arolsen zu untersagen. Es steht hierfür also von diesem Jahr an kein Platz zur Verfügung, und es wird jeder, der versucht, zum Viehmarkt einen Lagerplatz in Arolsen zu finden, von uns weitergeleitet.«

Aus einem Interview am 2. 3. 79. Ein Sinto:

»Wir hatten hier in Hessen überall unsre Standplätze, wo wir jedes Jahr hingekommen sind. Alles zugemacht, Schlagbaum vorgemacht. Nicht weit von hier, in Gelsungen, hatten sie einen schönen Landfahrerplatz eingerichtet; sanitäre Anlagen, Klo, Wasser, alles da. Da mußte man jeden Tag 5 Mark Standgeld zahlen und konnte 4 bis 5 Wochen stehenbleiben. Das war gut. Dann haben sie uns den Platz weggenommen, weil sie ein Schützenhaus dahin gebaut haben. Einen neuen Platz gibt es nicht.«

Eine Sintiza berichtet: »Kaum stehen wir, kommt schon die Polizei, und wir müssen weiterfahren. Wir waren manchmal drei Tage im Auto, weil wir keinen Platz gefunden haben. Da kann ich die Kinder nicht zur Schule schicken, wenn wir nirgendwo länger als einen Tag bleiben können.«

An andern Orten wird ihnen der Platz, auf dem die Toiletten sind, einfach abgesperrt. Es gibt Fälle, wo die Polizei auch dann eingreift, wenn ein Grundstücksbesitzer den *Zigeunern* Erlaubnis zum Campieren gibt. Nicht selten bedroht die Polizei die *Zigeuner* mit dem Revolver. An andern Orten hat man ihnen die Wasserleitungen gesperrt.

Das Ziel dieser Maßnahmen ist klar: statt der Vernichtung der *Zigeuner* im KZ die Abschiebung, oder, wo das so einfach nicht geht, die Abschreckung: »Wir werden ihnen das Leben so schwierig machen, daß sie von selber gehen.«

Aber wohin? *Wohin?*

Was geht's uns an. Hauptsache, die *Zigeuner*plage ist beseitigt.

So dachte auch der Oberbürgermeister Metzger von Darmstadt, als er anordnete, die Wohnungen der Roma in ihrer zeitweiligen Abwesenheit zerstören zu lassen zusammen mit aller Habe der Abwesenden. Diese Tat brachte ihm einen Prozeß ein, den er im wesentlichen verlor. Die Betroffenen dürfen ihn laut Gerichtsurteil einen Rassisten nennen, der das schlimmste Beispiel für Rassismus seit 1945 gegeben habe. Er habe seine Tat mit den gleichen Vorwänden gerechtfertigt, mit denen in den dreißiger Jahren die Juden und *Zigeuner* als Volksschädlinge abgestempelt wurden. Nach Auffassung des Oberlandesgerichts war der Zentralrat der Sinti und Roma »berechtigt, Metzgers Schilderung in diesem Zusammenhang mit Berichten der nationalsozialistischen Zeitung *Der Stürmer* zu vergleichen«.

Was hatte Metzger behauptet? Er gab zu Protokoll, er habe mit eigenen Augen »Szenen gesehen, die, *würde ich sie schildern,* Ihnen die Haare zu Berge stehen lassen«, Er redet nicht nur von Schmutz und Ratten, sondern auch davon, daß die *Zigeuner*männer ihre Frauen und Kinder prügeln. Frage: Wie konnte er derlei sehen, was sich doch gewiß nicht in seiner Anwesenheit abgespielt hätte, wenn es sich überhaupt abgespielt hat? Er übernahm Berichte von Augenzeugen, wird gesagt. Es gibt aber eidesstattliche Aussagen von Gadje, welche die Siedlung kannten und Metzgers Äußerungen durchaus nicht unterschreiben konnten. Meine Frage dazu: Wenn wirklich Sinti und Roma Frauen und Kinder prügelten, was für ein Unterschied wäre da zwischen ihnen und deutschen Normalbürgern? Ist nicht die Zahl der Mißhandlungen von Frauen und Kindern in der BRD die höchste in Europa? Gab es je bei Sinti und Roma zu Tode geprügelte Kinder, deren Eltern schließlich ins Gefängnis kamen? Wenn nun also Metzger und sein Stadtrat darauf bestanden, die mißliebigen Roma abzuschieben: wohin denn? Heim? Wo ist das?

Die meisten Roma kamen aus Jugoslawien, wo man sie unter Tito duldete, nach seinem Tod aber verfolgte. Die meisten haben keine gültigen Pässe. Sie können nicht mehr zurück. Gehen sie zurück, so werden sie, eben wegen illegaler Ausreise, sofort eingesperrt.

Kann man es ihnen verdenken, wenn sie nicht »heim«-kehren wollen?

Können es deutsche Behörden verantworten, Leute zu vertreiben, die an der Grenze sofort verhaftet werden?

Man jagt sie von Ort zu Ort, von Lagerplatz zu Lagerplatz, man verekelt ihnen das Bleiben in der BRD, um sie zur »freiwilligen« Rückwanderung zu zwingen.

Bei der wachsenden Fremdenfeindlichkeit der BRD und der wachsenden Arbeitslosigkeit wird sich dieses

Problem verschärfen. Ich hörte schon sagen: »Jetzt sieht man, wie richtig Hitlers Politik war: die *Zigeuner* bringen nur Unheil, andern und sich selber auch ...«

Hier aber eine Frage: Wie kamen denn jene Roma nach Darmstadt? Man lud sie offiziell ein zu einem großen Festival. »*Zigeuner*, spiel uns auf, aber dann geh!«

Bei allem, was zum Beispiel der Darmstädter Stadtrat vorbrachte, und was zum geringen Teil den Tatsachen entspricht, ist zu fragen: Wer hat diese Tatsachen ursächlich geschaffen? Wer? Doch nicht die *Zigeuner*!

Und die Schuldigen?

Hier erhebt sich die Frage nach der Behandlung der am Genozid der *Zigeuner* Schuldigen überhaupt.

Nach einer Liste, die Simon Wiesenthal zusammengestellt hat, sind die Schuldigen kaum bestraft.

Ich zitiere daraus:

»Die Verfahren, von denen die Rede ist, haben ausschließlich die Tötung von Zigeunern zum Gegenstand.

In den Verfahren 24 Is 429/61 der Staatsanwaltschaft Köln wurde das Verhalten ehemaliger Angehöriger

a) des Reichssicherheitshauptamts, insbesondere des Reichskriminalpolizeiamts,
b) des Reichsministeriums,
c) der Rassenhygienischen Forschungsstelle des Reichsgesundheitsamts in Berlin-Dahlem,
d) des Kriminalbiologischen Instituts des Reichskriminalpolizeiamts,
e) Kriminalbeamte örtlicher Dienststellen

gegenüber Zigeunern oder Zigeunermischlingen während der NS-Zeit strafrechtlich untersucht. Es wurde festgestellt, daß ein Teil der Beschuldigten verstorben oder verschollen (!) sind.

Hinsichtlich eines weiteren Teils der Beschuldigten wurde das Verfahren wegen zwischenzeitlich eingetretener Verjährung (!) bzw. mangels Nachweises einer strafbaren Handlung eingestellt.«

In Einzelfällen: Das Verfahren gegen den Leiter der Rassenhygienischen Forschungsstelle, Dr. med. Ritter, hat sich durch dessen Tod erledigt, und das Verfahren gegen seine engste Mitarbeiterin, Eva Justin, *wurde wegen Mangels an Beweisen eingestellt.*

Wegen Mangels an Beweisen wurde auch Willy Sawartzki im 5. Auschwitz-Prozeß freigesprochen, obgleich man doch wissen konnte, wer es war, der die Liquidierung, das heißt den Massenmord der *Zigeuner* im Sommer 1944 dort verschuldet hat. Die überlebenden Zeugen wurden für »befangen« erklärt, auch in andern KZ-Prozessen. Und die Verteidiger? Warum wurden nicht sie als befangen erklärt?

Und was ist mit den Leuten vom Rassenhygienischen Institut und ähnlichen NS-Einrichtungen, die zum Genozid der *Zigeuner* führten? Und was ist mit allen Nazis, die auf eine oder andre direkte oder indirekte Art Mitschuld am Tod von einer halben Million *Zigeuner* haben? Sie durften nach dem Krieg wieder unbehelligt arbeiten, sei es als Ärzte, sei es als Universitätsprofessoren. Auf eine Anfrage des SPD-Abgeordneten Wirth an den Bayerischen Landtag vom 11.1. 1984 über die Vergangenheit der mit Rassegutachten befaßten Personen Ritter, Justin, Eichberger, Uschold, Eller, Geyer, Supp, von Eickstet, erhielt er die Antwort, die im Extrakt folgendermaßen lautet: man wisse nichts über deren Vergangenheit, sowie man auch nichts wisse über den Verbleib der *Zigeuner*akten.

Was soll sich der deutsche Bundesbürger denken,

wenn ein Ministerium nicht imstande sein sollte, die Vergangenheit von NS-Verbrechern herauszufinden, aber sehr wohl imstande ist, heute noch die Vergangenheit von *Zigeunern* zu eruieren? Es ist etwas faul im Staate Dänemark, ist mit Hamlet zu sagen.

Begreift man die Erbitterung der Sinti und Roma, die keine Entschädigung für ihre Schäden und Verluste aus der NS-Zeit bekommen, während die Mörder ihrer Angehörigen hohe Pensionen beziehen?

Ich jedenfalls schäme mich für unser Land.

Es geht nicht darum, daß Personen heute noch verfolgt und bestraft werden; auch die Sinti und Roma wünschen das nicht. Es geht einzig darum, die Dinge beim Namen zu nennen und anhand einzelner Fälle und Personen zu zeigen, daß der Rassenwahn heute noch lebt, ach, wieder auflebt.

Wenn ich auch nicht einzelne inkriminieren will, sofern sie es nicht schon durch die Presse wurden, kann ich doch nicht darauf verzichten, Sätze aus dem Briefwechsel von Klaus Thüsing MdB und dem Polizeipräsidenten von Karlsruhe von 1979/80 zu zitieren. (Man kann die Briefe im vollständigen Wortlaut lesen in der von der »Gesellschaft für bedrohte Völker« herausgegebenen Broschüre *Sinti und Roma* in der Reihe *Pogrom.*)

Thüsing hatte sich in einem Telegramm beschwert darüber, daß auf dem Messeplatz Karlsruhe *Zigeuner* mit einem Polizeigroßaufgebot auf diskriminierende Art behandelt worden waren.

Der Polizeipräsident gibt zu, daß zur Durchführung der Maßnahme »starke polizeiliche Kräfte erforderlich waren«.

Bei einer einfachen Kontrolle?

Der Polizeipräsident erklärt, daß bei derartigen Überprüfungen Straftäter angetroffen werden können, die Fluchtversuche machen könnten.

»Nach den leidvollen Erfahrungen, die die Polizei in den letzten Jahren machen mußte, war auch zur Sicherheit der eingesetzten Beamten Vorsorge zu treffen.«

Er spielt auf die Terroristenszene an.

Die leidvollen Erfahrungen der Polizei waren abzuwägen gegen die leidvollen Erfahrungen von Hunderttausenden Roma und Sinti im NS-Staat und in der Gegenwart. Aber *Zigeuner* sind immer die Schuldigen.

Die Frage bleibt offen: wieso drangen Polizisten mit gezogenen Waffen in die Wohnwagen ahnungsloser Sinti ein?

Wie überflüssig das war, zeigte das Ergebnis.

Nicht eine einzige kriminelle Person wurde gefunden, außer einer Frau, die keinen Ausweis bei sich hatte, und einigen abgefahrenen Autoreifen...

Die Antwort auf Thüsings Brief, der keineswegs inkriminierend war, sondern positiv, war eine Drohung des Polizeipräsidenten, die Sache dem Innenminister vorzutragen.

»Wenn ich meine vieljährige Kenntnis des Herrn Dr. V. [der diese Aktion veranlaßt hatte] Ihrer in dem Brief sehr deutlich zum Ausdruck gebrachten negativen Bewertung seiner Person gegenüberstelle, so drängt sich mir die Erkenntnis auf, daß Herr Dr. V. die *Zigeuner* und ihre Lebensweise mehr respektiert als Sie den Polizeipräsidenten von Karlsruhe und seine Auffassung von Sicherheit und Ordnung in unserm Staat.«

Die Respektierung der Sinti und Roma? Ist unbegründete Durchsuchung der Wohnwagen durch bewaffnete Polizei im Großeinsatz eine Respektierung?

Ist es Respektierung, wenn auf den geringsten Verdacht hin Sinti und Roma verhaftet und wenn die Medien Polizeiberichte ungeprüft publizieren? Ist es nicht eher Volksverhetzung und also Verletzung der Verfassung? Wie oft schon mußte die Polizei derart verdächtige Sinti und Roma wieder freilassen und für unschuldig erklären?! Aber »es bleibt immer etwas hängen«, und das Vorurteil gegen die *Zigeuner* wird vertieft. Man kann allerdings auch die Meinung von Polizisten hören, die *Zigeuner* seien so gerissen, daß man sie kaum je des Delikts überführen kann. Respektierung?

Kann man von Sinti und Roma erwarten, daß sie den Staat lieben, der sie diskriminiert? (Ach – und doch lieben diese Diskriminierten dieses Land!)

wenn [illegible] Paare [illegible] mitverstehe, [illegible] dringt auch [illegible] die Erkenntnis auf, daß [illegible] Welle [illegible] [illegible] ihre [illegible] geschwemmt [illegible] als sie den [illegible] [illegible] von Karsoll [illegible] und seine Auflösung von [illegible] und [illegible] Stellt.

[illegible] Kre[illegible] Sinn und Kontakt [illegible] [illegible] Durchsetzung der Wohnwagen durch [illegible] [illegible] Formen im Großen [illegible]

Kate Reptick erinn, wenn auf den ganz [illegible] Vor[illegible] Sinn und Kontakt [illegible] und wenn [illegible] den Politik [illegible] [illegible], ist es nicht [illegible] Volks[illegible] und also Vertragung der Ver[illegible] [illegible] Wieder sehen [illegible] Politik [illegible] [illegible] Sinn und Kontakt wieder [illegible] Last und [illegible] [illegible] Abende [illegible] immer [illegible] und das Vertr[illegible] gegen die [illegible] wird [illegible] [illegible] allerdings [illegible] von Potsdam [illegible] [illegible] also [illegible], daß [illegible] Kritik des Denkens überführen kann [illegible].

Kann man von Sinn und Kontakt [illegible] Sinne haben, daß sie [illegible] (A[illegible]) und auch haben diese Dinge [illegible].

GAJ CHAL MARO DROM?

(Wohin geht unser Weg?)

Aus einer Rede, in der die Botschaft des Generaldirektors der UNESCO 1978 dem 2. Welt-Roma-Kongreß ausgedrückt ist, sind drei wichtige Punkte der Weiterarbeit genannt.

Erstens: Da die Initiative zur Weltvereinigung der Roma von den Roma selbst ausging, kann jede internationale Zusammenarbeit nur eine Antwort auf deren eigene Pläne sein.

Zweitens: Das Volk der Roma darf nicht als Objekt für kulturelle oder historische Studien der UNESCO betrachtet werden. Hier handelt es sich nicht um Ausstellungsstücke, sondern um lebendige Menschen. Es werden Probleme der kulturellen Identität der Roma behandelt werden, aber vor allem soziale und Bildungsprobleme, die den Roma in der modernen Welt das Bemühen, sich treu zu bleiben, erschweren.

Drittens: Das Problem ist ein internationales, denn die Roma leben in mindestens 26 Ländern verschiedener Art. Die Roma haben mehr als tausend Jahre lang ihre Identität bewahrt, und sie müssen sie weiterbewahren und zugleich als ethnische Minderheit bewußt Teil jenes Volkes sein, mit dem sie zusammenleben. Dieses Zusammenleben, das für die ethnischen Minderheiten meist höchst schwierig war und es heute noch ist, muß auf internationaler Basis geregelt werden.

Es ist mir bekannt, daß nicht alle Sinti und Roma in allen Fragen über ihre Zukunft einig sind. Es gibt eine Gruppe, die nahtlose Integration in das Volk will, dessen Staatsangehörigkeit sie besitzt. Andere wünschen nur eine gewisse Anpassung unter Beibehaltung ihrer Eigenart in Sprache und Kultur. Andere aber lehnen Integration und Assimilation ab und wollen nichts als Gleichberechtigung vor dem Gesetz. Dies ist ein Streit, den die Sinti und Roma untereinander ausmachen müssen. Es kann nicht die Aufgabe der Gadje sein, hier Stellung zu beziehen.

Was uns angeht aber, das ist eben die Frage der Gleichberechtigung. Außer der Erziehung der Gadje zum respektvollen Verständnis der wie auch immer andern Lebensart von Sinti und Roma, wie sie durch die Geschichte bedingt ist, stehen hier praktische Probleme an. Eines der wichtigsten ist das der Wohnverhältnisse.

Eine Umfrage in 75 Orten, in denen Sinti oder Roma wohnen, ergab:

35% haben eine normale Wohung innerhalb der Orte;

30% leben in ärmlichen Wohnungen ohne Bad und Zentralheizung und meist in Ortsteilen, in denen Normalbürger nicht wohnen mögen, weil Schulen und Einkaufsmöglichkeiten zu weit entfernt sind;

20% hausen isoliert in Baracken und Obdachlosensiedlungen ohne Bäder, ohne Toiletten, teilweise ohne

Wasser und Elektrizität und meist in der Nähe von Autobahnkreuzen, Kohlenhalden, Industrievierteln und Müllhalden;

15% leben auf Wohnwagen-Standplätzen in improvisierten Hütten, ausrangierten Eisenbahnwagen usw.

Ein sehr kleiner Teil bewohnt gute Wohnungen, die von einzelnen Gemeinden als Modelle erstellt wurden. Das beste Modell ist, soviel ich weiß, das Freiburger, bei dem Wohnungen, Schulen, Werkstätten und Gemeinschaftseinrichtungen in einem Stadtteil beisammenliegen, jedoch die Ghetto-Situation vermeidend.

Wie andernorts Sinti hausen, sah ich zum Beispiel in Landau: weitab vom Ort stehen in einer feuchten, sonnenlosen Waldschneise einige Holzhäuser. Die haben sich jene Sinti selbst gebaut, die ehedem aus Landau nach Auschwitz oder andern KZ deportiert worden waren und überlebt hatten, meist als Angehörige von sonst völlig ausgerotteten Familien. Das Holz für die Häuschen gab ihnen die Stadt Landau; die Sinti hielten das für eine Wiedergutmachung, erfuhren aber dann, daß sie das Holz abzahlen mußten und daß die Häuser Besitz der Gemeinde seien. In einem der Häuser liegt eine alte Frau, die krank aus dem KZ kam und ihre Gesundheit nicht wieder erlangte – wie Hunderte andrer ihrer Schicksalsgenossen.

Wenn von Sinti und Roma erwartet wird, daß sie leben wie andre Staatsbürger auch, so müssen wir dafür sorgen, daß sie so wohnen können wie wir auch!

Landau hat inzwischen fast alle Sinti in neugebauten Häusern untergebracht.

Das zweite Problem ist die wirtschaftliche Lage der Sinti und Roma. Daß sie arbeitsscheu seien, ist eine Lüge. Wer von ihnen arbeiten kann, der arbeitet. Viele aber *können* nicht arbeiten. Denn man hindert sie daran. Wer will *Zigeuner* einstellen im eigenen Betrieb? Wer stellt *Zigeuner* ein in einer Zeit wachsender Arbeitslosigkeit? Über die Arbeitsämter bekommt kein Sinti oder Roma einen Arbeitsplatz. Also sind sie gezwungen, selbständig zu arbeiten: als Möbelrestauratoren, als Musik-Instrumentenbauer, als Kupferschmiede, Steinmetze, Schausteller (Zirkus), Kunstschreiner und Musiker, dies entweder mit eigener Band oder in den großen Orchestern, wo sie es bis zum Konzertmeister bringen, jedoch Angst haben, ihre Stelle zu verlieren, wenn sie sagen, daß sie *Zigeuner* sind ... Die meisten Sinti und Roma sind Reisegewerbetreibende: sie fahren in ihren Wohnwagen durchs Land und bieten ihre Waren an, meist Teppiche, die sie aus der Türkei oder andern Ländern des Orients beziehen und hier weiterverkaufen wie andere Händler auch.

Auch auf diesem Gebiet stoßen sie auf Hindernisse: man verbietet ihnen vielerorts das Aufstellen von Wohnwagen und den Zutritt zu den Messe-Plätzen, den günstigen Gelegenheiten für Geschäfte. Man fürchtet die Konkurrenz, die schon im Mittelalter dazu geführt hatte, daß ihnen die Innungen gewisse Berufe verboten, in denen sie besonders tüchtig waren. Viele

Berufe sind ausgestorben, als ihre Meister starben: im KZ.

Das wichtigste Problem ist heute das der Schulbildung.

Wollen denn *Zigeuner* überhaupt zur Schule gehen? Lehnen sie nicht grundsätzlich eine intellektuelle Schriftkultur ab? Betrachten sie nicht Analphabetismus als zur Identität ihres Volkscharakters gehörend? Und sind denn *Zigeuner*kinder überhaupt schulfähig?

Es ist wahr, daß viele erwachsene Sinti und Roma Analphabeten sind. Aber warum sind sie es? Weil sie in der NS-Zeit nicht zur Schule gehen durften, jedenfalls nicht, wo man sie als *Zigeuner* erkannte.

Ich selbst habe, als ich Lehrerin war, in den Jahren 1935 bis 38 mehrmals *Zigeuner*kinder in meinen Klassen gehabt, und zwar in den Wintermonaten, wenn die Eltern für einige Zeit am Ort blieben. Natürlich waren diese Kinder ungeachtet ihrer oft überdurchschnittlichen Intelligenz in den normalen schulischen Fertigkeiten weit zurück. Das gab Probleme. Da sie älter und größer waren als ihre Klassenkameraden, wurde von ihnen mehr erwartet. Da sie sich »dümmer« zeigten, wurden sie verspottet. Das aber konnte ich leicht korrigieren: ich förderte die *Zigeuner*kinder nicht nur auf dem normalen Schulgebiet, sondern auf jenen Gebieten, in denen sie besonders begabt waren – im Malen, Singen, Tanzen, in der Kenntnis der Natur und der Erdkunde. Ihre Überlegenheit auf diesen Gebieten gewann ihnen den Respekt der Mitschüler. Übrigens habe ich nie bemerkt, daß die kleinen *Zigeuner* verwahrlost, schmutzig, verlaust waren. Im Gegenteil.

Heute freilich genügt das bißchen Lesen und Schreiben, das sie sich eher beiläufig erwerben in den kurzen Intervallen, nicht mehr. Wollen Sinti und Roma sozial aufsteigen, brauchen sie eine gute Schulbildung. Wie aber, wenn noch viele schulpflichtige Kinder viele Monate mit ihren Eltern auf Reisen sind? Einige Familien, die ich kenne, haben sich entschieden, daß ein Teil der Angehörigen zuhause bleibt und mit ihnen die Kinder, die dann regelmäßig zur Schule gehen wie andre Kinder auch. Für jene, die jetzt noch viel aufzuholen haben, sollen, so schlägt man vor, Nachhilfekurse eingerichtet werden, aber nicht etwa Sonderschulen, in denen begabte Sintikinder mit geistig Zurückgebliebenen Gadjekindern unterrichtet werden. Das wäre wieder ein Fall von Rassendiskriminierung in getarnter Form. Mein Vorschlag – es gibt doch so viele arbeitslose Lehrer aller Schulgrade. Und es gibt viele junge Menschen, die sich gerne sozial einsetzen, noch dazu, wenn etwas Neues getan werden kann, das auch ein wenig der Lust am Abenteuer entgegenkommt. Warum leben solche Lehrer nicht eine Weile mit ihren Sintifamilien? Es gibt ja auch Geistliche beider Konfessionen, die das tun, und sie finden ihr Leben mit den Sinti oder Roma sinnvoll und schön; nah am Leben und fern der öden Bürokratie des üblichen Schulbetriebs.

Alles in allem: wir Gadje haben eine Schuld abzutragen; einige von uns tun es bereits. So gibt es in Landau zum Beispiel eine Initiativgruppe von Sozialhelfern, die mit einigen Sinti zusammenarbeiten, besonders bei Schwierigkeiten mit den Behörden. Für alle jungen Menschen, die gern irgendwo »anpacken« möchten und nicht wissen wo, gibt es hier ein großes und dankbares Feld.

Daß ich dieses Buch schreiben muß, um meinen Mitbürgern Informationen über Wesen und Schicksal der *Zigeuner* zu geben, ist nicht nur beschämend für uns, sondern auch sonderbar.

Denn: es gibt die Roma-Bewegung seit über hundert Jahren. (Bei den folgenden Angaben stütze ich mich auf einen Aufsatz von dem Engländer-Roma Grattan Puxon in dem *Pogrom*-Sonderheft zum 3. Roma-Welt-Union-Kongreß 1981.)

Setzen wir als Beginn das Jahr 1850, als in Rumänien die Sklaverei der Roma aufgehoben wurde. Damals emigrierten die Roma in großer Zahl über Sibirien nach West-Europa und ein Teil von ihnen nach Nordamerika. In Süd-Transylvanien schlossen sich die Roma zur *Brotherhood of New Peasants* zusammen. Sie waren also Farmer. Die Nicht-Ausgewanderten begannen sich ebenfalls zu organisieren.

1880 gab es in England die *Van Devellers Protection Association* (Gesellschaft zum Schutz der Fahrenden). In Bulgarien entstand um 1906 etwas, was wir heute Bürgerrechtsbewegung nennen. Eine Roma-Bewegung gab es um 1906 in Rumänien, eine andre, größere, um 1926 in der Sowjetunion. Damals also hatten die Roma ihre Sache in eigene Hände genommen. In der Sowjetunion entstand noch während der Frühzeit der Revolution die *Gesamtrussische Romani-Union* mit Sitz in Moskau. Es wurden Grundschulen gegründet, soziale Vereinigungen, handwerkliche Kooperativen. Tausende von Roma, die bis dahin Nomaden waren, baten um Land und gründeten eigene Farmen im Stil der Kolchosen. Einige gingen gut, andre nicht und wurden wieder verlassen. Die Farmen im Westen der Sowjetunion wurden im Krieg zerstört, die Roma ermordet. In Moskau wurde 1930 das Roma-Theater gegründet, das heute noch existiert und berühmt ist.

In Jugoslawien hatte es vor dem Krieg die *Romani-Gesellschaft* von Belgrad gegeben, die eine eigene Zeitung herausgab, *Romani Lil*. In Polen und der CSSR entstanden ebenfalls *Zigeuner*vereinigungen.

1939 wurde in Athen die *Panhellenistische Romani Union* gegründet, die seither ununterbrochen weiterbesteht.

In den USA, in New York, eröffneten Roma eine kooperative Kupferschmiedewerkstatt.

Nach dem Zweiten Weltkrieg wurden innerhalb der kommunistischen Parteien in Polen, Bulgarien, Rumänien Roma-Komitees und 1970 in Ungarn der *Ungarische Roma-Rat* gegründet. Zur gleichen Zeit wurden die Roma in der CSSR zur nationalen Minderheit erklärt, und auch 1970 in der BRD, wo Vinzenz Rose, KZ-Überlebender, den *Verband der deutschen Sinti* gründete.

Die spanischen *Zigeuner* gründeten das *Secretariado Gitano* in Barcelona. Im Süden Spaniens, in dem jener

*Zigeuner*stamm lebt, der Kale heißt, gab es einen hervorragenden Führer, der die Kale zur Selbsthilfe gegen Arbeitslosigkeit, schlechte Wohnungen und Übergriffe der Polizei aufrief.

In Großbritannien und Irland war es der Verfasser des Aufsatzes, aus dem ich Fakten zitiere, Grattan Puxon, der in Irland mit andern Roma sich auf einem Lagerplatz gegen die Polizei verteidigte. »Damals«, so schreibt er, »hatte keiner von uns die geringste Ahnung, daß wir ein Teil einer europäischen Bewegung waren.«

1965 gründeten sie in England das *Gipsy Council* nach dem Vorbild des *Comitée international Tzigane* in Paris.

Inzwischen wurden in Osteuropa zwei große Roma-Vereinigungen gegründet. Sie hatten 20 000 Mitglieder und leisteten viel Arbeit: sie organisierten Arbeitsbrigaden, welche die Arbeitsbedingungen mit staatlichen Unternehmen und mit Kultur- und Sportgruppen aushandelten. Aber im Augenblick der Blüte änderte sich der politische Kurs jener Ostblockländer, und man verbot diese Versuche der Selbsthilfe.

Das Jahr 1968 war überall ein Jahr des Aufbruchs: 1969 fand in Serbien der 1. Nationalkongreß der Roma statt, und man beschloß ein großes internationales Treffen. Daraus wurde, mit Unterstützung des Europarats, der 1. Welt-Roma-Kongreß in London, 1971. Dieser Kongreß war ungemein wichtig: zum ersten Mal trafen sich Roma aus Ost- und West-Europa.

Das Ergebnis dieses Kongresses war der Beschluß:

1 – Status und Rechte einer nationalen Minderheit anzustreben;
2 – die Einrichtung geeigneter Lagerplätze und Erziehungsmöglichkeiten zu fordern;
3 – Verfolgung und Diskriminierung zu bekämpfen.

Danach arbeiteten die vielen neuen lokalen Organisationen in diesem Sinne weiter.

1978 fand in Genf der 2. Roma-Welt-Kongreß statt mit einer Teilnehmerzahl doppelt so groß wie jene des 1. Kongresses und damit zeigend, wie stark die Bewegung angewachsen war. Der wesentliche Erfolg dieses Kongresses war die Gründung der *Romani-Union,* die dann beratenden Status bei der UNO bekam, womit die Sache der Roma auf weltpolitische Ebene gehoben war.

1979 fand die Großkundgebung im KZ Bergen-Belsen statt, 1980 der Hungerstreik in Dachau, 1981 der 3. Roma-Welt-Kongreß in Göttingen, in Deutschland also, von wo das böse Schicksal der *Zigeuner* seinen Ausgang genommen hatte.

Möge diese Arbeit dazu beitragen, daß es keines Hungerstreiks mehr bedarf, um das ethnische und politische Gewissen der Öffentlichkeit zu schärfen für die von unserm Volk mitverschuldete Not unsrer Brüder und Schwestern aus dem Volk der Roma.

Möge sie vor allem das Gewissen der für unsre Sinti

zuständigen Behörden treffen, die Parteien angehören, welche sich *christlich* oder *sozial* oder *christlich-sozial* nennen und keinem der beiden Programme entsprechen, sondern ihnen zuwiderhandeln und sich dabei auch noch im Recht fühlen: als Mandanten einer unchristlich-unsozialen, fremdenfeindlichen, bürgerlich-besitzenden Mehrheit.

Spreche nur niemand mehr von *christlich* und *sozial,* ehe die Menschenrechte für die Sinti und Roma, einer seit 6 Jahrhunderten in Deutschland lebenden Minderheit, nicht gewährleistet sind.

Inhaltsverzeichnis

Für die freundliche Unterstützung dankt die Autorin dem Zentralrat deutscher Sinti und Roma e.V., Bergheimerstr. 26, 6900 Heidelberg, der ihr einen umfassenden Einblick in sein Archiv ermöglicht hat, wie auch der Gesellschaft für bedrohte Völker e.V., Postfach 2024, 3400 Göttingen, die freundlicherweise die Abdruckgenehmigungen für einige Texte erteilt hat, die im Buch mit Quellenangabe angeführt sind.